捌零・潮臺北

1980s: Fashion Taipei

倪重華●總策劃

故事 StoryStudio ●採訪編輯

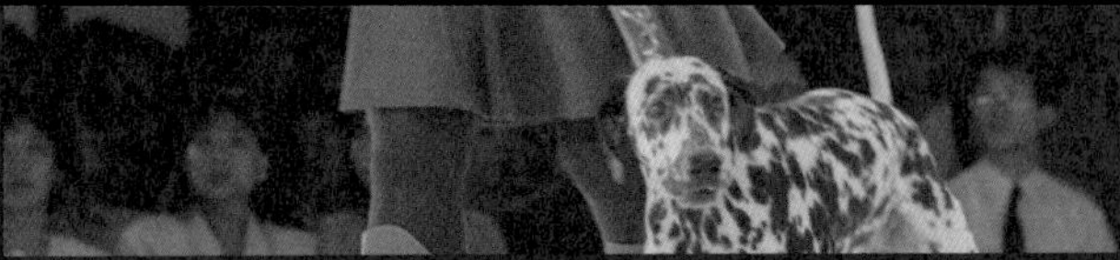

目錄☆ CONTENT

PART 1

時尚☆造型

PART 2

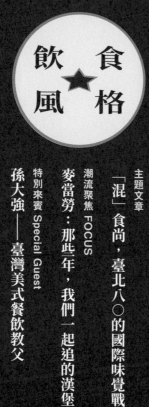

飲食風格

PART 3

百貨消費

PART 4

視聽娛樂

PART 5

夜貓★出沒

臺灣流行史上燦爛且革命性的一頁

《捌零・潮臺北》導言

總策劃●倪重華

一九八〇年代，對我個人而言，是一段非常特別的時期。

八〇到八四之間，我到日本大阪視覺藝術專門學校，學習數位影像製作，昭和最後十年的日本，經濟泡沫吹得正盛，文化環境大好，我在正處顛峰期的日本吸收了不少養分。回來臺灣後，我先拍了一陣子電影，後來意外地加入綜藝教母葛福鴻的製作公司，參與了「週末派」的製作；後來受到滾石唱片公司「三毛老闆」段鍾潭的支持，在八七年成立了真言社，進入了唱片圈和表演產業，直到現在。

過了三、四十年，我回頭看這段歷程，發現八〇年代確實也是臺灣一段蓬勃發展的黃金時期。經濟繁華，政治鬆綁，社會開放，讓我們有機會做出很多不一樣的東西——憑良心講，那些作品素質有多高我不敢保證，但起碼，都是臺灣沒有見過的。其實不只是我，很多那時候剛回到家鄉的臺灣青年，都一心想要把自己的城市和國家，提昇到國際水準。

當時臺北就是臺灣的中心，政治、經濟和社會的首都。現在因為交通發展和政策等原因，臺灣城市甚至國際城市之間的面貌都很接近，但曾有一度，臺北作為一線城市，它的建設、消費、文化、甚至思想的風貌，都和其它城市的差異極大。我從日本回到臺灣的那一天，從機場一路回到東區，一路上，從車窗見到臺北的繁榮與熱鬧，覺得整座城市氣氛好像在燃燒。

現在談八〇年代的書或作品，大部分都著重於政治面的改革。確實，八〇年代是一個「最美好的年代」，臺灣開放黨禁報禁髮禁舞禁，逐步邁向自由化、民主化；但是我們不能忽略，如果社會上沒有像火山爆發前那樣的能量累積，絕不可能撞開政治解嚴大門。八〇年代的臺北城市，臺北的生活，臺北的潮流，它的刺激、開放、衝擊，絲毫不遜色於政治改革的風起雲湧。在這本書中，我們看見八〇年代經濟起飛和現代化風潮，躍躍欲試的整體社會氛圍，讓臺北出現許多前所未見的城市風景，從時尚、飲食、消費、視聽娛樂到夜生活，不只寫下臺灣流行史上燦爛且革命性的一頁，也散播了野種，培育出今日枝繁葉茂的文化能量。

本書中訪談的五位八〇年代潮流人物，要不是白手起家的創業者，就是堅持自我原則的職人，他們今日都已是臺灣社會的要角，但許多人都是數十年來低調努力著，直到現在才接受公開採訪；能夠有這個難得的機會，把這些人的生命經歷和風格書寫出來，希望對大家有一些啟發。同時，我們也訪問了個別領域中傑出的新一代年輕人，他們不僅走出自己的路、樹立自己的獨特風格，也耕耘著屬於他們對未來的想像，這個精神和八〇年代是直通呼應的，也是這本書核心想要傳達的。

四十年過去，在全球化和資本主義的洗刷下，臺北的輪廓雖然沒有太大的變化，但整個城市的獨特風貌幾乎全消失了；追求利潤數字的連鎖店，也壓縮了街區小店的生存空間。當然，商業連鎖和個人特色之間，孰是孰非，沒人能論定，但我總喜歡那些有靈魂、有情感的街區店家，畢竟，所謂「在地」特色，說穿了就是我們大多數人的生活日常，食衣住行，如此而已。所以，在這個年代，保有自己的個性特質，比什麼都重要，就像我們介紹的這些人物，他們了解自己，知道做什麼會讓自己開心，找到自己所相信的並一路堅持下來，往往就會「成」——雖然在這個名聲就是一切、眾聲喧嘩的社群時代，找到信仰是不容易的，也不一定是成功保證，但再怎麼樣，我想都比隨波逐流，船過水無痕來得好吧。

沒有錯，一個時代過去就過去了，八〇黃金年代不會再重來，但即使如此，新的未來下一章仍然在等待我們。而此時就是一個非常特殊的時間點，讓我們來想想未來這件事情——過去這一年，全球被Covid-19疫情按下暫停鍵，日常一切停擺，許多海外臺灣人也都紛紛回到臺灣。雖然疫情造成很大的損失，但或許也正好是一個轉機，讓我們終於有機會放慢腳步、沈澱心情，回顧這三、四十年間，到底發生了什麼事？並且認真思考，關於這座城市，關於下一個世代，接下來可以展開什麼新的計畫呢？

時尚造型☆

PART 1

FASHION DESIGN

那是美好的八〇年代，股票飆破萬點，「口袋麥可麥可」的臺灣人再也無法忍受西瓜皮、三分頭、過膝的裙子及工整的長褲，蠢蠢欲動的靈魂嚮往著自由的味道。

於是，頭髮開始留長，裙子開始變短，服裝設計師們也紛紛在衣服上簽下自己的名字，從臺北出發，掀動整座島嶼的時尚革命。

一九八〇，臺北的時尚革命

文●胡芷嫣

主題文章

那是個迷夢般的黃金年代，大部分經歷過的人都會這樣告訴你。

一九八〇，是臺灣社會經濟的顛峰時期。經過六、七〇年代國內生產總額（GDP）屢屢破九%的經濟奇蹟，八〇年代，臺灣外匯存底突破七百億美元，臺北市房價在四年內漲了四．五倍，而臺股從一九八六年的一千點，三年飆上萬點。

01 序曲：美援、紡織與國產成衣

那些年，錢是熱的，人大抵也都是興奮的，連街口空氣都彷彿在沸騰，此起彼落的喇叭聽著都是高亢的歌。這頭亞洲四小龍蠢蠢欲動，什麼都有可能，什麼都還未發生，社會能量翻騰高漲，自我意識也高高揚起；從組黨、言論自由到裙子頭髮長度，對各種形式解放的呼求，形成龐大的改革潮流。一波接著一波運動，試探、衝撞長年束縛自由的規範和體制，最終推動了臺灣各方面的開放改革。

而在這個劇烈的轉型期當中，最切身又最隱約的革命，當是這座城市的人們，用身體參與的時尚潮流。

財政部長李國鼎在臺上憂心地說，時下國人流行的「大褲管」和「迷嬉裝（maxi）」造成社會新的浪費。

這位被譽為「臺灣經濟奇蹟」背後推手的李部長，在一九七四年一場演講中抱怨的大褲管和迷嬉裝，正是貓王（Elvis Presley）扭腰擺臀時穿的喇叭褲，和充滿嬉皮迷幻風的女士腳踝連身長裙。

往前一點，當艾森豪總統從松山機場抵達臺北，和蔣中正車隊在中山北路施施而過，有另一批人在排隊等待領取麵粉，袋子上寫著「中美合作」大大字樣。在每年接受逾一億美援、百廢待舉的戰後時期，利用美援麵粉袋再利用的粗製大內褲，幾乎是街上每一個孩子的「制服」。

然而，改變臺灣人身上衣著的不只麵粉袋，還有棉花。

戰後，政府當局傾全力發展勞力密集

* 民國五十七年三月十六日發布《基本工資暫行辦法》，調整基本工資為每月六百元，每日二十元。

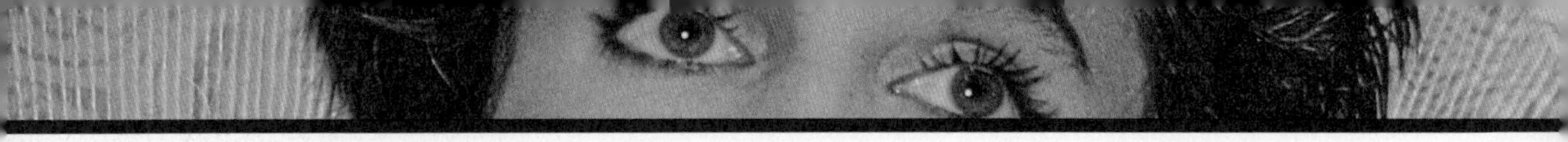

的紡織業，美援棉花扶植了大量蓬勃的民間紡織廠。一九六八年，當人民每月基本薪資只有六百元*、看一場電影大約只要三十元的時候，已屆成熟的外銷成衣產業，就為臺灣帶來逾六千五百萬的出口額。七〇年代，紡織、電子和精密儀器一起，列為臺灣重點工業，成衣賣出去，外匯錢進來，不只締造了「成衣王國」的黃金傳說，也在外銷下滑的七〇末期，帶起一波根據國人身材改良訂單版型、轉銷臺灣民眾，國產成衣的流行。

02 奇裝異服，反抗的響亮噪音

讓我們回到大褲管和迷嬉裝。儘管不能出國又資訊封閉，從六〇年代的迷你裙，到七〇年代的喇叭褲、厚底鞋……，歐美流行造型藉由委託行、華僑或其它管道，不時仍在太平洋另一端的臺灣小島引起陣陣騷動，吸引青年效仿。

財政部長一面在演講臺上表達憂慮，警備總部則另一面在街頭大規模取締——在禁奢、禁長髮、禁奇裝異服的臺灣當局眼裡，這些不服從的流行風潮簡直造反。警方刊物《警光》裡抱怨青年

委託行

七〇年代，當臺灣人不能隨意出國觀光，追求時髦又有經濟能力的潮男潮女，一般還是仰賴委託行。透過水手船員從國外「偷渡」回舶來品，委託行雖然店面狹小擁擠，卻是資訊較封閉的臺灣民眾，窺探世界的一扇窗，也是許多人心目中閃閃發光的時尚潮流中心。Versace、Louis Vuitton、Chanel、Dior……，精品高價位嚇不倒新興雅痞客群，臺北委託行集中在晴光商圈和建成圓環一帶，靠著老闆的挑貨眼光和顧客服務，累積起各自的口碑和死忠客戶，如本書呂芳智、洪偉明訪談中提及位於中山北路、長安東路口附近的「新格」委託行。

「黃長褲既窄又細」，青少女短裙膝上三吋，「不守規，不中矩」；西門町、萬華等鬧區裡的少年警察隊，手裡拿著電推剪和剪刀，一抓到人就剃頭剪衣，甚至一度直接請理髮師坐鎮警局。

根據《違警罰法》第六十六條，奇裝異服妨害風俗，處三日以下拘留或二十元以下罰鍰，但所謂「奇裝異服」，根據當年曾被警察當場剪破衣服的臺灣第一代造型師洪偉明回憶，「只是短袖裡面再穿一件長袖」，如此樸實無華。

這些嚇阻的試圖，嚇不了臺北街頭男女前仆後繼地嘈雜過街。反正頭髮如雜草，這次剃光了，下次還是會長回來；剪破了我一件衣服，身後還有千千萬萬件。戒嚴年代，他們手上沒有標語，身上的喇叭褲、迷你裙和厚底鞋，就是反抗與掙扎的呼喊。

另外一方面，那個年代的警察要抓壞人、飛車黨，還要取締老百姓的打扮，真的很忙。取締行動在一九七〇年初期達到顛峰，當年警察在西門町取締了一位「印第安人」造型的少婦，重罰了一百二十元（等於六天薪水）；隔年下半年，臺北市警察局取締了一萬九千多名蓄長髮的男士；再隔年，城中分局動員所有警力到鬧區西門町展開大規模取締，當天共抓了四百五十名蓄長髮、六十七名穿喇叭褲的男性，還有十三名迷你裙過短的女性。

如果依哲學家鷲田清一所說，所謂衣著，是個人的身體髮膚，和社會各種規範，具體的對抗摩擦，那麼七〇年代初期，這些如潮水般密集，取締長髮、奇裝異服的官方宣示和案例，不過也就是說明了，對於長久以來的政治壓力和自由束縛，社會已越來越有抵抗的意識和資源。

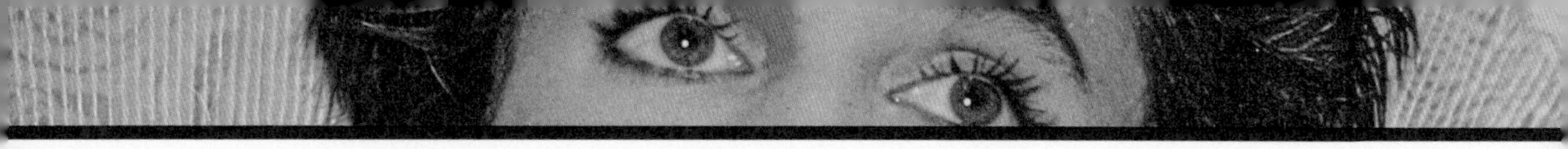

戒嚴年代，他們手上沒有標語，身上的喇叭褲、迷你裙和厚底鞋，就是反抗與掙扎的呼喊。

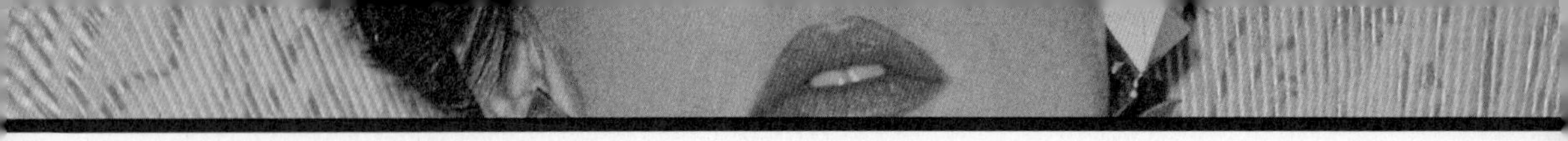

03 一面展示，一面禁止

就連政府當局臉上的表情都是尷尬的。這些和外資一起流入臺灣的自由、思想與時尚潮流，再怎麼想擋也擋不住。在警備總部召開會議決定加強取締嬉皮、奇裝異服、長髮的同時，半官方機構「中華民國紡織業外銷拓展會（紡拓會）」為拓展外貿機會所舉辦的時裝秀上，模特兒穿著迷你裙，在充滿國家威權象徵的圓山飯店舞臺大大方方走秀。

換句話說，臺灣政府一面以自由國家的形象，積極開發和歐美各國間的往來貿易，另一面用學生髮禁和《違警罰法》，使勁將人民塞進服從權威的屬性框架裡。

這份難以化解的尷尬，最經典案例就是北一女樂儀隊的赴美行。一九八一年，北一女樂儀隊受邀，由臺北市教育局長黃昆輝領隊，於暑假期間前往美國各大洲巡迴表演。彼時臺灣，十年前才退出聯合國，接連和日本、美國兩大盟國斷交（還引發一陣學生排日潮），這次的北一女樂儀隊訪美巡迴，猶如分手後情人相見，是臺灣在舉步維艱的外交困局中，一次難得的國力展示機會。

然而，出訪前，不知道哪位細心人士注意到一個細節——以民主自由國度自居的中華民國，怎麼少女都跟共產中國一樣留著「耳下兩公分」的西瓜皮？

為了國家形象，教育部特地「髮」外

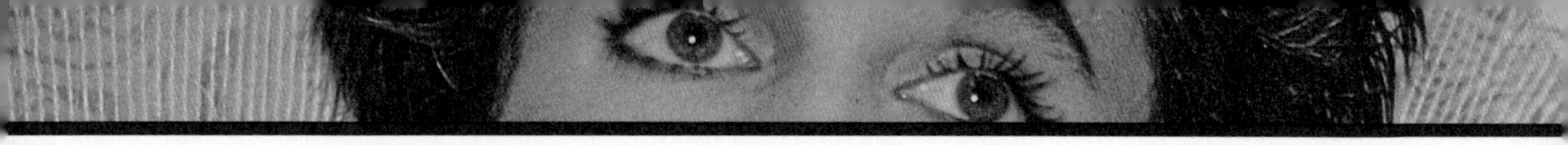

開恩，允許出訪的北一女樂儀隊成員即刻留起長髮，而且還准許燙髮。這群長髮少女（其實髮長也未及肩）在美國巡迴演出照片，回傳刊登在國內各報上，為國爭光同時，也引起許多質疑和非難：憑什麼出訪學生就可以留長髮，國內其他學生不能呢？在社會浪潮般的呼籲和各種壓力下，眼看種種禁令欲振乏力，改革之勢難擋，一九八七年一月，教育部終於廢除學生髮禁。當年七月，臺灣宣布解除戒嚴。

04 民眾口袋麥可麥可，國際品牌紛紛入臺

八〇年代，在國內外壓力下，政府逐步開放觀光簽證和經濟自由化。此外，一九七〇到九〇年間，臺灣國民基本工資共調漲了七次，十年間，從兩千四百元到九千七百五十元，整整漲了四倍——這漲幅有多驚人呢？試想 22K 在十年內漲到 88K，甚至還要更多。

《芙蓉坊雜誌》

這本一九八一年創刊的時尚雜誌，可以說是臺灣第一本系統性報導國際時裝潮流的雙月刊。近四十年來，《芙蓉坊》不計成本地將米蘭、巴黎、倫敦……等地的國際時裝流行，零時差地介紹給國內大眾，雜誌中的每一張伸展台現場照片，都是創辦人林俊堯先生，當年獨自帶著一臺相機、一只行李箱，跑遍國際秀場親自拍攝的。時裝週時程緊湊，林俊堯回憶，他當年最高記錄是一天跑了十一場時裝秀，在伸展台旁連續蹲了九個小時進行拍攝工作，蹲到大腿都失去了知覺。

《芙蓉坊》全盛時期曾相當盛行，不只流傳在曼都等連鎖理髮廳，也是很多服裝設計學生的指定讀物，直到二〇二〇年受疫情影響，國外時裝秀停擺，《芙蓉坊》才決定順勢功成身退。

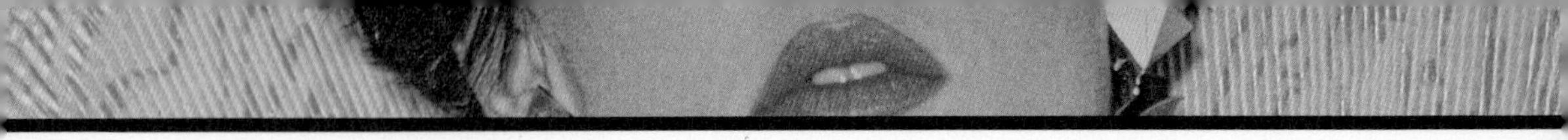

在「口袋麥可麥可」之餘，《流行雜誌》、《王榕生時裝雜誌》、《芙蓉坊》等流行雜誌接連在臺灣創辦，當國內外流行資訊慢慢普及，出國採購越來越容易，時尚品牌和精品也看準寶島消費力，一個一個進駐臺北，如為臺灣帶來Prada等名牌、聖殿般的香港精品店Joyce Boutique。

這座青春斑斕、眼界大開的城市，再也無法忍受從前西瓜皮、三分頭、過膝的裙子，以及其它「禁奢」、「節約運動」標準下百無聊賴的打扮了。即使無可奈何，政府也只能順應這波潮流趨勢，漸漸鬆綁了對衣著髮型的高壓管束。七〇年代末期，我們已經在報紙上看見鼓勵女人穿著鮮豔的報導，到了八〇年代，歐美時裝、皮件、尖頭高跟鞋，甚至凱文克萊（Calvin Klein）和高提耶（Jean-Paul Gaultier）把玩性別框架的中性服飾，都不再是不可公然展示、妨害風化的社會禁忌。

女人露出膝蓋的制服短裙，男士各種場合該如何穿搭的服裝展，在八〇年代的臺北已經成為呼吸一般的日常。八六年的《聯合報》上，甚至出現這則笑話：

甲：「在臺北，新潮服裝最長可以流行多久？」

乙：「大約相當於從西門町走到省立博物館（國立臺灣博物館）的時間。」

05 再定義自我和社會的界限

「穿衣服能顯出你的風格，那麼穿就對了。」徐莉玲在永琦百貨舉辦個展時，大方地對記者說。

這位日後的「百貨教母」說得對，穿衣服的出發點與最終目的，都是表現自

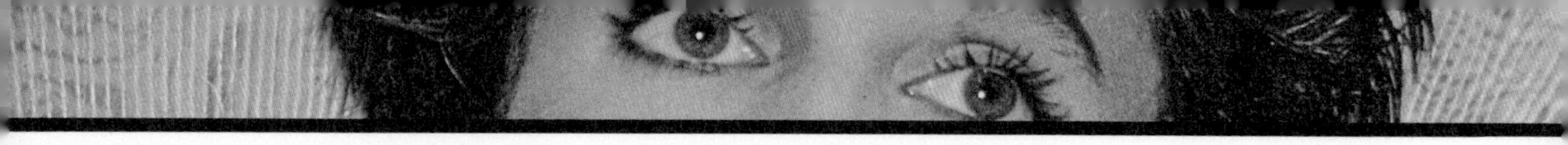

這座青春斑斕、眼界大開的城市，再也無法忍受從前西瓜皮、三分頭、過膝的裙子。

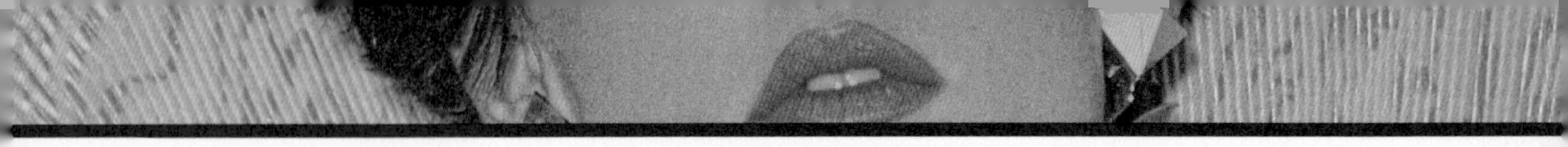

我——或許對國家來說，更是如此。

八〇年代經濟自由化，新臺幣升值、人力成本高漲，對外出口額也逐年下滑。

在這個經濟和政治外交的陣痛期，臺灣紡織品開始從代工出口產業，轉而提倡高附加價值的原創品牌經營，除了輔導

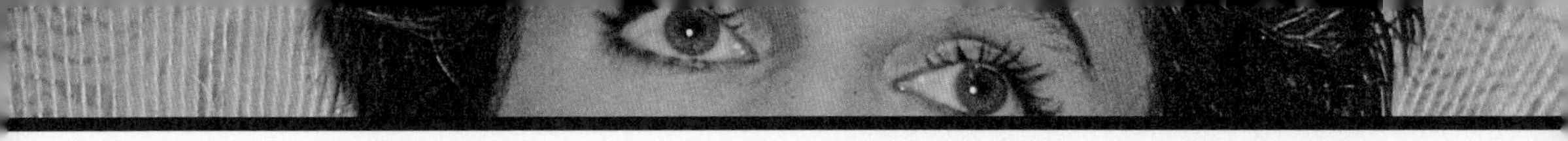

成立自有品牌、加強取締仿冒商品，政府還成立「紡織設計中心」，邀請美國設計師來臺，開發布料、花樣和服裝設計，培養臺灣本地的服裝設計人才。

年輕的臺灣第一代本土設計師，也在逐漸自由的空氣中，一個一個創建自己的品牌。一九七八年的夏姿、一九八二年呂芳智，還有黃嘉純、林臣英、陳季敏、溫慶珠……。過去臺灣成衣總為他人代工做嫁，如今本土時裝設計師，紛紛在衣服上簽上了自己的名字。他們在這片土地上建立起自己的風格樣式，並且透過服裝設計，摸索建構屬於那時代臺灣人的身分——八〇初期的臺灣時裝設計上滿滿「中華」意象，連時尚指標中興百貨，都運用中國古典文化作為流行號召。

於是，身體上披掛的衣著，不再只是拒絕服從的象徵，臺北的時尚至此熟成結果，成為個人表達自我和社會塑造認同的工具。而在個人意識昂揚的社會成形過程中，臺北雅痞族（Yuppies）出現了，這些新興的都會年輕專業人士，薪水豐厚，品味講究，他們大跳動感迪斯可，揮霍名牌行頭，出入高級餐廳和夜總會；他們的生活風格，工作與享樂結合，精緻和糜爛並存，定義了八〇年代的臺北都會圖像。

八〇年代這股衝撞界線、找尋自我、越來越自由奔放的社會風潮，在一九九〇年，以那句「只要我喜歡，有什麼不可以」，奏下高潮的驚嘆號。而這場臺北時尚的發展史，不只向我們展示了街頭上男男女女、既疏離而深刻的身體革命，也為我們演示了時尚的真諦：時尚是打破既定規範，時尚，就是自我和社會的展示與試探。

潮流聚焦 FOCUS

BIGI比其服飾

第一批哈日族誕生

文●胡芷嫣

如果把臺北潮流分兩個段，可以說是吳四寶之前，吳四寶之後。

吳四寶是誰？我們在本書面，會常常提到這個人名—吳四寶是日裔福州人，家在本開中華料理餐廳，一九三年生；因為排行老四，所以名四寶。根據家人透露，吳寶在一九六〇年代，由「日股神」企業家、作家邱永漢介來臺經商，響應當局鼓勵資和獎勵出口條例等政策，高雄加工出口區設廠。

吳四寶生意有成，以毛衣工外銷起家，後來也創辦了「安」、「我在戀愛」等自製牌。但他真正影響臺北時尚華麗一手，是一九七九年開

BIG

的 BIGI 比其服飾。

「BIGI」這四個大字，直到現在仍是臺灣各百貨的服飾樓層霸主，23區、自由區等知名日系高級專櫃，都是它的旗下品牌。想當年，在服飾店款式稀少、毫無「流行」可言、臺北人想買時髦衣服只能往昂貴委託行跑的時候，吳四寶就在今日臺北南京西路和中山北路口的邱永漢大樓，大手筆開創了一間別開生面、與日本流行同步的精品女裝專賣店。

店裡空間不大，中間一座中島，四周擺滿衣架，上頭掛著琳琅滿目、從日本平行輸入款式的流行服飾，以及臺灣新銳服裝設計師的作品。那時候，對服裝設計和時尚造型有夢、有想像的年輕男女，都會來到比其服飾，有的人來消費購物，有的人則是來實現夢想——例如今日的ATT吸引力董事長戴春發，當年就是在比其店外擺花車起家；而臺灣第一代設計師呂芳智初出茅廬時，也曾有一段時間拿著他設計的蠟染T-shirt，到比其服飾寄賣。

比其成為八〇年代臺北的時尚潮流話題，根據吳四寶的創業夥伴邱柏庭回憶，比其在東區開設分店時，還請到當時紅透半邊天的港星鍾楚紅來蒞臨現場剪綵。

一九八五年，吳四寶在比其服飾的二樓開設了「飛利髮廊」，在一般人仍習慣上家庭理容院燙得整顆蓬蓬的八〇年代社會，從日本重金聘請設計師，將日式髮廊的高質感環境氛圍和流行髮型帶來臺北，從頭到腳包辦都市雅痞的造型。即使在飛利結束營業後，店裡的設計師在臺北開枝散葉，影響持續至今，包括本書後面會介紹的臺灣第一代日本髮型設計師新井銑十郎，和今日東區知名的Visavis斐瑟髮廊。

一九八七年，教育部剛剛宣布解除髮禁，商業直覺敏銳的吳四寶就看準了青少女流行的商機，在東區開設了臺灣第一家少女服飾專賣店Nifty。那時，臺灣只有目標客群較成熟的淑女服飾，而吳四寶帶著員工在日本少女雜誌上蒐集最新流行情報、飛到日本當地，找貨、買貨，帶回臺灣販售，讓八〇年代的臺北少女享有零時差的「日著連線」。

與其說吳四寶是個生意人，不如說他是一個潮流開拓職人。當時媒體稱吳四寶有三把刀：「裁縫刀、剃頭刀和菜刀」，他跨足服飾、髮廊和餐飲，就連西門町的日本PARCO巴爾可百貨，也有他運籌帷幄的身影。在臺灣對一切外來新鮮事物飢渴若狂的八〇年代，吳四寶一手打造的日系時尚王國，在美式風格以外，為臺北創造了嶄新的流行定義，引進了前所未見的日本時尚，不只是彼時雅痞潮流聖殿，也是哈日潮流的先鋒。

今日的邱永漢大樓

特別來賓 *Special Guest*

Arai桑

臺灣初代時尚髮型設計師

文●蕭紫菡

八〇年代的臺灣，是個歐巴桑還熱衷燙捲捲頭、男人不太上髮廊的年代。那時，大眾的觀念傾向於「上美容院是為了盛裝赴宴或社交」所需。然而，在一九八五年，由吳四寶創立的「飛利髮廊」，帶來了當時日本最先進的美髮技術及概念，強調「美是一種符合個人化的舒適」，悄悄地改變了臺北的髮型時尚。

新井銑十郎，江湖人稱「Arai桑」，是臺灣第一批日本髮型設計師。他曾在飛利工作約三年的時間，後來出來自己創業，並在這片土地落地生根。不知不覺間，他已在臺灣待了三十五年。在人生的精華歲月裡，他不只見證了飛利的興起，也參與了臺北美髮潮流的變遷。可以說，從他的個人故事中，似乎也看見了臺灣民眾在髮型的追求中，展現了不同年代的自我價值。

初來乍到，發現臺日大不同：不染髮、燙很捲、男生不愛美

一九八五年，Arai還是個二十六歲的年輕小伙子。他剛讀完日本的美髮學校、實習工作過一陣子後，正在為未來做打算，從未想過一次來臺機會，改變了他的人生。

當時吳四寶獲得邱永漢投資，想在臺北開設一家「國際化」的髮廊，因此到東京髮廊尋覓願意來臺發展的設計師，因緣際會下，Arai桑成為其中一員，踏上從未想像的未知土地。

而彼時是蔣經國的時代，臺灣還不太有日本文化流入。飛利先在中山北路、也就是現在的「永漢書局」二樓開設了第一家店，因大受歡迎，隨即於一九八七在忠孝東路四段、敦化南路口開設分店，為臺灣美髮業開創新頁。

飛利的全盛時期，店裡有八到十位日本設計師，加上香港、臺灣的，整間店光是設計師就高達二十人。在國外設計師的催動下，飛利迅速樹立起與傳統美容院截然不同的流行指標，蔚為風潮。

Arai桑初來乍到，發現當時臺灣人的髮型趨勢與日本極為不同，普遍對染髮的接受度不高，對燙髮「捲度」的想像也有落差。舉例來說，日本已經流行起自然感、兼顧髮質的波浪捲時，臺灣女性追求的是「能看出我上過髮廊」的明顯捲髮。在臺日不同髮型美感的觀念下，外加常在翻譯上出現落差，Arai桑剛來臺的那半年，常出現客人要求重做的狀況，「讓人很沒有成就感」。

另一方面，日本設計師帶來的髮型趨勢在年輕世代掀起討論，日本當時流行長微捲的髮型「法拉頭」也在臺灣形成風潮。相較於女性，八〇年代的男生則

很少上髮廊——甚至不太愛美。Arai桑說，若是一對情侶走在街頭，常常是女生打扮得漂漂亮亮，而男生則是短褲加拖鞋，男女在時尚的追求上展現了極大的落差，這是與日本非常不同的。

當時來飛利的客群卻是歐巴桑居多，除了因為很多歐巴桑會講日語，另一方面則是飛利的價位偏高，需要「一定財力」才能消費。當時一般的髮廊連鎖店，剪一顆頭大約是二百元，而飛利則是四百五左右；再跟傳統美髮店比較，大概貴了六、七成。

鼓勵客人不用常來找他：設計師是藝術家，不是服務業

半年後，他決定要好好學國語，慢慢地，溝通上的落差減少了，設計也與客人的需求愈來愈接近。客人希望捲一點，

他還是盡量做，但若傷及髮質、失去亮度、或太違反他的美感，就會盡量溝通。「臺灣流行弄完一定要吹得整整齊齊，日本當時的設計觀念是，還是要尊重髮質，弄完撥一撥、就能呈現最自然的狀況，但臺灣歐巴桑不太愛這一味，弄完一定要噴定型液。我還是會噴，但若超過我的理想太多，還是會請她找別人。」

他形容，剛來臺灣那幾年，和客人之間就像在煎牛排的熟度上找平衡，日本大約要求五分熟，臺灣當時喜歡十分熟，而他盡力做到七分熟。

儘管「美感」觀念上的不盡相同，Arai桑對髮型的堅持並未使他客人減少，因他能以自己的方式做到客人想要的又不失自然。他的客人很多，全盛時期的飛利，一忙起來，他一天必須剪三十顆頭，一次則要同時顧到三、四個人。

當時飛利的店內環境，也和一般的臺灣髮廊不同，位置比較寬敞，採極簡風格，座位間會保留一點距離，座位大概四十個；當時不太盛行預約，客人會來現場排隊。而那時臺灣的髮廊，設計師多半是站著剪髮，空間也相對擁擠，因此，飛利在美髮空間上，也展現出不同的美學，讓客人與設計師，都能在較為自在的狀態下完成。

八〇年代的忠孝東路上，除了飛利，幾乎都是傳統的家庭美髮店，也因此，飛利的創立，在當時興起了一股風潮，人潮絡繹不絕，也衝擊著傳統美髮的許多觀念。Arai桑說，因日式美髮追求的是「自然、耐用、個人化」，所以他常跟顧客說，「不用常常來找我。」因為他做出來的頭髮，是回家自己整理即有最好的效果。而臺灣人比較習慣把上美容院視為一種享受，享受被服務及頭髮吹得整整齊齊的狀態，但他認為「設計師某種程度是個藝術家，不是服務業。」

此外，比較有趣的是，日式洗髮都是一進門就躺著洗，而臺灣是坐著洗、看得到滿頭泡沫的情境。直到現在，「坐著洗頭」對日本人來說仍是一件新鮮事，還有旅遊雜誌特別介紹，一定要來臺灣嘗試。

「不必追求流行，那只是最多人喜歡的，不見得適合你。」

除了引進外國設計師及日本流行趨勢外，飛利也與電視臺合作，為張小燕的節目《歡樂週末派》做造型。當時主持人張小燕每個單元會換一個造型，不燙不染，以剪、造型為主，Arai桑就是被委派到攝影棚的其中一位設計師。因為這個契機，Arai桑後來也陸續幫幾位藝人，如伍佰、李立群等做了近二十年的造型，一直到現在。

他回憶，最初伍佰來找他時，頭髮比較短，他覺得那風格「太古代」，跟他的搖滾音樂不搭。「他最吸睛的是現場演唱、身體動來動去、汗流浹背的身影，頭髮層次一定要多、要輕，有時長一點、有時短一點、有時做些顏色上的變化。而他接受度也滿高，就隨著我的設計變化。」而今，伍佰那充滿舞臺生命力的長髮已深植人心，一路皆是出自Arai桑之手。

很多曾經在飛利工作的日本設計師，後來都出來開設自己的工作室，在臺灣開枝散葉，像是「查理」、「斐瑟」等。在飛利工作幾年後，Arai桑也自立門戶，第一間店就開在飛利附近，店名「Joker」，約五年後再轉移陣地，開設

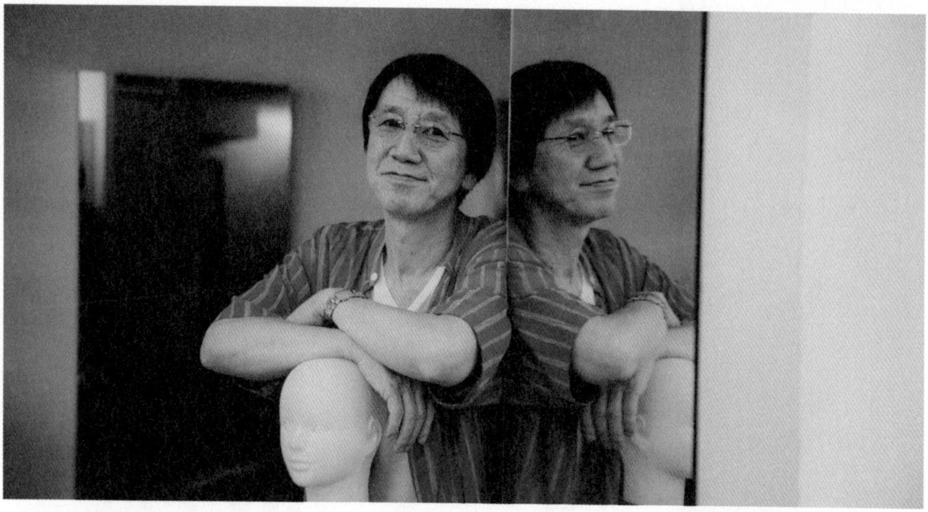

「以題髮廊」經營至今。

Arai桑選擇臺灣，在個人的生命歷程上是一個出乎預料的決定，帶來的髮型趨勢卻深刻的影響臺灣的時尚潮流。他不刻意追求流行，而是追求個人最適合、最自然的髮型，「就像魯肉飯，怎麼吃都是魯肉飯，但我可以把它做得更順口、不油膩、而且非常好吃。」

而三十五年過去，臺灣人對於美髮的概念，也從早期追求「極捲」、「吹得整整齊齊」，漸轉為回歸個人舒服自在的趨勢。飛利在八〇年代，為臺灣的美髮潮流帶來了刺激與變革，而Arai桑身為第一批來臺先鋒，也用他的堅持默默地轉變了這城市的美學，創造出一個又一個新的經典。

潮人現身

用自己的風格樣式，在衣服寫下自己的名字

臺灣第一代設計師呂芳智、造型師洪偉明

文●胡芷嫣

「我以前要買一條皮帶，臺灣沒有啊，只能請委託行去買，還有喇叭褲啊、低腰褲啊，這些東西。」呂芳智回憶八〇年代，那個臺灣還沒有「時尚」的歲月。

曾經在臺北，你想買一件好看的衣服，可不是動動手指上網、或到百貨公司逛逛這麼簡單，你得在西門町、圓環、晴光市場四處奔波張羅；這就算了，走在路上，只要穿著稍微「不一樣」，還會被少年隊抓來一刀剪破。

呂芳智和洪偉明兩人，就是在這樣封閉保守的環境，一個在八〇年代成立臺灣第一代設計師品牌「呂芳智」，一個則是臺灣造型師先驅和第一家模特兒經紀「凱渥」的創辦人，兩人完全憑著一股對時尚的熱情，自學摸索、打破界線，成為臺北時尚的拓荒者。

呂芳智
洪偉明

西裝不做內裡，老裁縫師傅霧煞煞

雖然當時還沒有「文青」這個名詞，可從現在看起來，早年的呂芳智就是個不折不扣的文藝青年。

呂芳智就讀文化大學時（彼時這間學校還叫做中國文化學院），就深深愛上電影這門觀看的藝術，特別是法國左岸的新浪潮導演。那時他三不五時就往西門町的小小放映廳跑，看學生社團不知道從哪裡弄來的盜版藝術片。他什麼都看，什麼都是新鮮的；看高達也看柏格曼，看電影，有時也看舞蹈。

懷抱金黃色的電影夢，呂芳智跑去打工畫「外銷畫」，念美術系的他讓自己像加工廠一樣，埋頭複製一幅又一幅歐洲風景，就為了籌錢買了一臺八釐米攝影機。「但那個時候設備很爛，常常放映機一放啊，卡片就燒掉了。」他苦笑。

人生常常這樣，苦心雕琢的如融雪化為無形，無心插柳的，卻在日後蔚然成蔭——呂芳智之所以在一九七三年畢業後一腳踏入服裝設計領域，其實，只是為了籌措到電影藝術聖殿巴黎念導演的學費。

「那時候我也沒有要做服裝設計師，一開始我就是要賺錢。」他強調，「那時候臺灣沒有那種所謂的『時尚』，沒有。」

七〇年代，臺灣市面上連可樂都沒有，遑論時尚設計。臺北的時髦青年們，如果厭倦千篇一律的成衣，就得到委託行花大把銀子添購舶來品行頭，不然就得到衡陽路、迪化街去買布，再拿到永樂市場或西門町等地的裁縫店去量身訂做。

但即使如此，真要說什麼時尚款式，傳統的打版師傅也做不出來，例如洪偉明和呂芳智當年經常到翔泰、鴻翔等綢布裝買布，然後到久祥等訂製服店去訂做西服，兩人「走太前面」的要求，常搞得裁縫師傅一個頭兩個大。

「我們要做 Blazer*，那些師傅不明白為什麼好好的西裝不要做內裡，他們就不懂啊。我就乾脆買一件，跟師傅說你就照著這樣做好不好，啊不要算我貴喔！」洪偉明想起這段往事，眼鏡後的雙眼笑彎。

資訊封閉的年代，進口雜誌裡學習時尚潮流

「那時候，你說學服裝設計要去找誰？沒有人在教啊。」呂芳智說。

雖然輔仁大學、實踐家專已有織品服裝系或服裝設計科，但在那個年代，所謂的服裝設計，終究還是一種「女紅」的活，對如痴如狂汲取國際潮流的藝術青年而言，「就是很保守的，跟整個世界沒有接軌。」

七、八〇年代，正好是歐美服裝設計的蓬勃發展期，洪偉明解釋，從定義世界時尚風貌的義大利 3G**，到打破既定框架的日本設計師三宅一生，還有法國時尚頑童高提耶、二〇二〇年因新冠肺炎逝世的高田賢三（Kenzo）……，每個時裝品牌都靠著創意和巧手，創造出獨特的輪廓，每位設計師手下呈現的每一件訂製衣，都像是一支探索、表現、突顯個人風格的樂曲。

兩人介紹這些殿堂級設計師的特色，眉飛色舞，如數家珍。「我們也很幸運跟上那個時代，像 Versace，真的對我們影響很大。」洪偉明說。

既然學校沒教，電視也沒演，他們當年是怎麼受到這些歐美時尚潮流的薰

* 一種稍微比較休閒的西裝外套款式

**Gianfranco Ferre、Giorgio Armani、Gianni Versace

陶？

「我們以前都會到那個臺英社＊啊！臺英社賣最多國外進口雜誌。」呂芳智回憶，「我記得在二樓，光是*Vogue*就會有巴黎版、美國版、義大利版三種版本，我常常沒事就會去翻，每一期都會買。」

時尚雜誌熱衷於報導名流貴婦的行蹤，洛杉磯的誰誰誰在豪宅開了奢華派對，米蘭哪個名媛跑趴穿了哪件當季最新款。這一座人人用華麗衣裳定義和展示自我，彷彿在電影場景裡，享受被他人觀看的世界，對八○臺灣青年來說，不只叫人如痴如醉，還充滿知識點：「因為這樣子我們才知道哪些設計師做了哪些東西，資訊其實是從這裡自學來的。」

「那個時候，每個人都有搶眼的個人風格。不像現在，現在的情形實在太無聊了。」兩人齊感嘆，「現在整個環境

“那個時候，每個人都有搶眼的個人風格。
不像現在，現在的情形實在太無聊了。

洪偉明正指導模特兒走秀

趨勢，完全被幾個集團壟斷，由他們來操縱流行，跟我們七、八〇年代是不一樣的。」

為籌學費自學自賣，呂芳智「車」出興趣

為了籌出國念導演的學費，畢業後，呂芳智結合學校所學，賣起漂染衣服。擁有一副藝術家靈魂的他，不想跟隨一般潮流使用絞染（「那就是綁一綁把它丟下去就好了。」他說），他自己去買中興紡織生產的三槍牌棉質T恤，設計圖案做蠟染。

剛開始他的設計風格，用現在的話來說，就是非常的「華」。龍的圖騰不稀奇，他連「對聯」都曾印在衣服上，左邊一幅，右邊一幅，自己玩得很開心，但市場反應不太好。後來他改印民俗風、

* 臺英社：臺灣英文雜誌社，一九四六年成立，引進《時代雜誌》（*Time*）、《生活雜誌》（*Life Magazine*）、《讀者文摘》（*Reader's Digest*）等外文雜誌，是當年臺灣讀者接觸國外新知資訊的主要管道。

花草圖騰，想不到大受客人歡迎。

搞了沒多久，呂芳智就發現單純蠟染無法滿足自己的創作欲，便去買日本的洋裁書，開始從頭學起打版和裁縫。他透露，父親其實就是西裝師傅，但從小壓根沒想過會繼承這條路，直到在家裡用縫紉機學怎麼車衣服，車來車去，「覺得還蠻好看的」，才慢慢對自己車出信心。

五年間，他從批現成T恤，進化到自己裁一片裙，最後獨立打版設計出襯衫、洋裝……，呂芳智慢慢靠自己摸索，逐步打下服裝設計的基本工。每回衣服做好了，他就親自送到覺得「和自己風格相近」的服飾店，除了衡陽路和西門町的一些小店、晴光商圈裡的委託行，連 BIGI 比其服飾，也是當時呂芳智寄售服飾的點。

「我就是在那裡認識你的啊。」呂芳智轉頭對洪偉明說——那時候他送貨去 BIGI，遇見了在香港服飾潮牌 Bang Bang 工作的洪偉明。（「哪裡？」粗枝大葉的洪偉明在旁一臉疑惑。）

即使兩人自承走歐系時尚路線，比較少造訪屬於日系風的 BIGI，但誰能想到，BIGI 不只為八〇年代的臺北帶來耳目一新的日系女裝潮流，竟然也撮合了這對相知相識五十年的伴侶。

當臺灣設計師開始有了名字……

呂芳智後來確實成功去到了巴黎。但在當地走過一圈，看見了歐洲的好與歐洲的壞，歐陸文化的深厚與淺薄，三個月後，他就決心回到臺灣，要從自己出身的文化底蘊，耕耘時尚設計之路——回臺前，他還不忘把五年存來的三十萬學費，全部砸下去買心愛的 Versace。

八〇年代初，伴隨政府一系列自由化措施，臺灣社會風氣也逐漸打開，越來越奔放熱鬧。市面上已出現介紹時裝流行的中文刊物，除了一九七五年創刊的《流行雜誌》，還有「臺灣第一代名模」、東方美品牌創辦人王榕生女士在一九七八年創辦的《王榕生時裝雜誌》。洪偉明八〇年代初期從美國受模特兒訓練回臺後，就在王榕生手下做事：「東方美是我幫她取的。我就做造型，也在做一些模特兒訓練的東西。幫她做東方美，然後也幫她編雜誌，就是身兼……所有該做的、我喜歡做的這些東西啦！身兼好幾職。」

此外，國際羊毛局、美國棉為了推廣布料，和臺灣當局合作，每年夏冬兩季在圓山飯店舉辦服裝秀，也是呂芳智回憶中，當年臺灣本土設計師接收國外資訊、發表作品的幾個管道之一。

只不過，畢竟還是臺灣設計初萌芽的階段，像呂芳智這樣堅持自己的時尚觀點和原創的本土設計師，就算不是唯一，也是非常少數。「那時可以說得上是真正的設計師，我認為的就是李冠毅，後來還有個 Carson 黃嘉純。」他說。

「那時候都是抄啊。」呂芳智直言不諱，當年很多檯面上的「設計師」，本來也許是百貨專櫃小姐或業務，在服飾界工作幾年，就自己突然成立了品牌，其實都是抄襲、盜版國外的衣服。「因為他們的老闆也都是去買樣本回來抄啊。包括 BIGI，也是把原來日本的牌子整個帶過來，當時就是這樣啊。」

他無奈地透露，在智財權意識薄弱的八〇年代，臺灣時尚產業很多都是老闆把員工帶出國，說好聽是取經，說難聽是就地抄襲回臺灣販售，利用臺日兩地的資訊落差賺取暴利。「所以百貨公司

T.F.A.(TAIPE
ASSOCIATION)
4TH A/W
'84/'85

當然有很多日系的服裝。只有我做比較不一樣的，所以我覺得我幹嘛聽你的，我自己可以做啊。」

就是憑這股「我自己也可以做」的氣勢，回臺不久，一九八二年，呂芳智就用自己十年來一針一線徒手創立的風格樣式，成立了第一個同名服飾品牌「呂芳智」。

「呂芳智」憑著原創性，很快地就在都會女性時尚圈殺出名堂，一件一千七百塊的洋裝，在臺北熱銷上千件（「那時候可以買一棟房子了啦！」洪偉明喊）。興來百貨、巴爾可百貨、洋洋百貨等臺北最潮的流行百貨都設有「呂芳智」的櫃點，南昌路二十三號的第一家「呂芳智」門市，連大作家李昂都是常客。

是不是可以說，在「呂芳智」之後，臺灣的設計師開始有了自己的名字？

「其實設計師的名字，應該從造型這邊開始講。」洪偉明說，「沒有委託行，沒有後來的designer。」

洪偉明解釋，當年中視傍晚有個火紅節目叫做「新姿剪影」，由王碧瑩主持，包翠英、沈曼光等模特兒走秀，介紹女性穿搭，在七〇末和八〇初的臺灣家庭主婦、職業女性間蔚為風潮。有回，主持人王碧瑩找上洪偉明，請他來做一集造型。

「他們要我來做，我當然找好看的衣服來。」要做到完美造型，洪偉明向熟識的委託行「詩格」劉老闆求援，商借衣服。

「他借我的都是『大貨』！」他喊，「還全部白色的毛！我那時候好感動喔，他居然敢借我。」但不像現在廠商會提供sample clothes，那時候下了節目，衣服都是要還回去的；為此，洪偉明發明了我們現在試穿衣服熟悉的白色頭套，

這場一九八四年紡拓會舉辦的秋冬時裝秀，由洪偉明指導，模特兒正演示呂芳智的作品

不讓模特兒的濃妝弄髒這些名貴美麗的華服。

造型問題解決了，但節目還沒播出，又遭遇另一個困難——本來新姿剪影節目上要介紹洪偉明和潘黛麗等造型師一起開的店，但文化局指示，為避免圖利廠商，節目不該出現店名。

「我靈機一動，說不能放店名那就放人名嘛。」於是，他和幾位設計師，都在那集節目掛上本名。「有我們這些名字出來，才開始有設計師的誕生。」

「誰說的，是先有設計師好嗎！」呂芳智不服氣。

「你那時候也沒有名字啊。」「誰說我沒有名字的！」

「欸以前哪知道哪件衣服是你的，你衣服上面都沒寫名字啊。」洪偉明翻了個白眼。

永遠不再的黃金年代

四十年過去，從本土模特兒老是被大小眼虧待的歲月，到出現第一個國際名模林志玲；從拿著沒有名字的衣服去小服飾店寄賣，到作品站上國際伸展台發表，還有閃耀的後起之秀吳季剛、周裕穎、詹朴……，臺灣的時尚產業確實前進了許多。

但是，即使如此，對呂芳智、洪偉明這兩位時尚前輩而言，八〇年代，才堪稱是永遠不再的黃金年代。因為八〇年代每一個設計師，都有自己的風格，自己的聲音——他們清楚知道自己是誰，從何而來，要給社會帶來什麼訊息。例如選擇以「梅杜莎」為品牌視覺的設計師Gianni Versace，透過服飾表達勇敢、歷練、性感的女性形象，現在看來也許沒什麼，在當年可是橫空出世。

如果說「時尚」是一門展現自己和觀看世界的藝術，那麼在兩人眼裡，當今的大品牌都過於商業取向。當創作的出發點是討好市場，潮流，就流成媚俗。

呂芳智感嘆，「要做生意要賺錢，但也要做你自己喜歡的。以前會賺錢就是告訴你，外面要什麼，所以你要做什麼。」他雙手交疊，搖搖頭，「我們不是。」

「他就是跟新臺幣過不去啦！」洪偉明笑咪咪看著他。

四十年來，始終「與新臺幣過不去」的呂芳智，從第一個同名品牌，到和洪偉明共創的高級訂製服「LUHONG COUTURE」，直到近年以臺灣山林曠野為靈感來源，以天然布料和玉石為素材核心的「Lu23」；他一路上見證了臺灣時尚從委託行、百貨品牌到高級訂製服的歷程，最後選擇回歸自然、手作和樸實。作為臺灣第一代服裝設計師，不！作為藝術家的呂芳智，還在不斷前進。

洪偉明擔任秀導，在臺上接受獻花，身旁紅衣女子為王祖賢

APUJAN

Crossover
沒有界線，用衣服建構一座座想像世界

新潮待續 To be continued...2021

「APUJAN」品牌創意總監・詹朴

文●徐慈臨

七〇到八〇年代前期，服飾仍被嚴格監管，少年隊取締抓捕長髮男子和「奇裝異服」者，甚至暴力地剪去頭髮、破壞衣裳以示懲戒。直到高壓管束日益鬆綁，本土品牌也逐漸崛起，人們開始追逐當季「流行」，眾人在同一時期穿著最新款式，提升整體審美與品味。然而，獨立設計師的追求不僅於此，除了以潮流文化包裹消費者的身軀，服裝織品背後更隱含設計師想要傳達的精神，人們在認同設計師理念的過程中，也逐漸將目光從品牌標誌轉移聚焦到自身探索——穿上曾經不被認可的「奇裝異服」，呈現一加一大於二的個人特質，才是當今的潮流真諦。

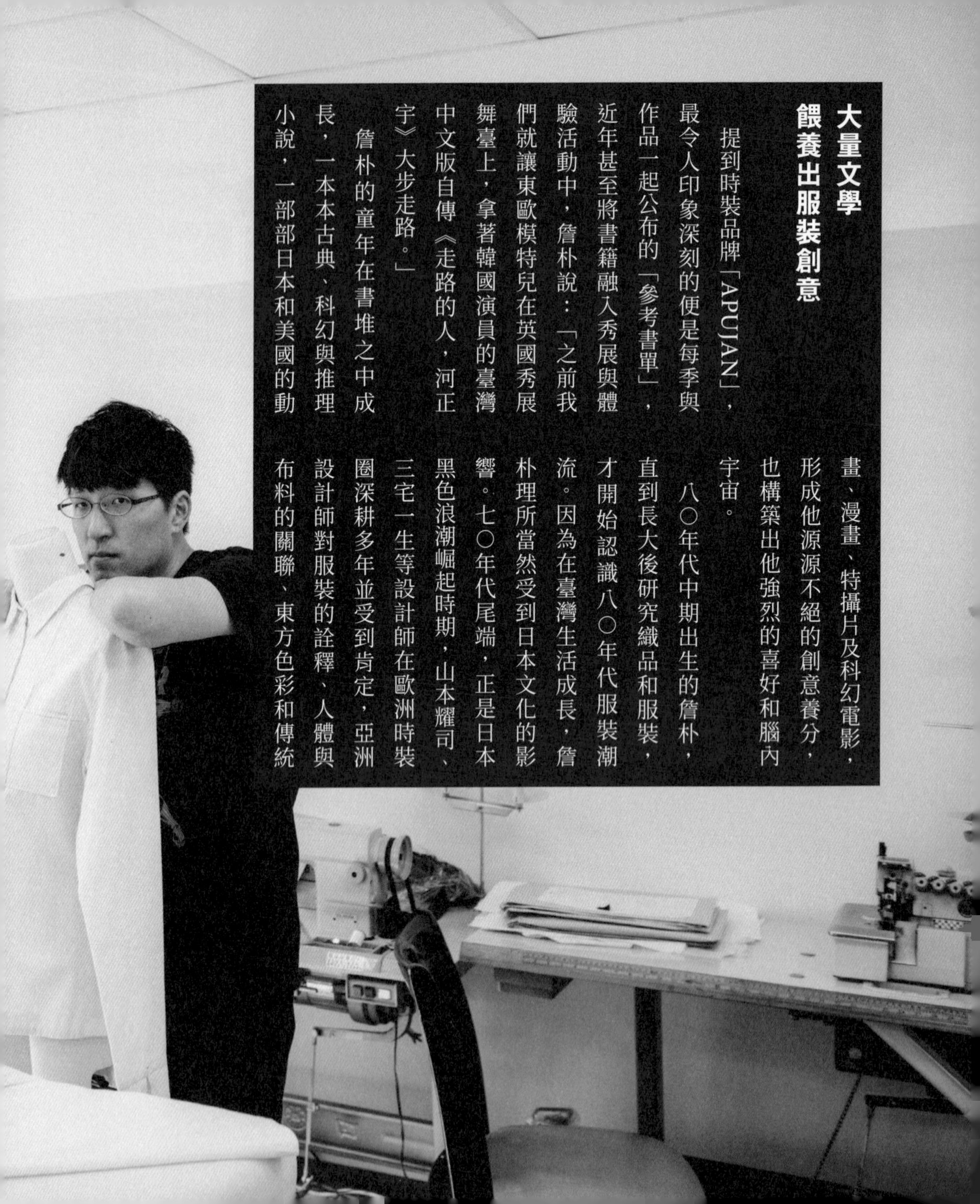

大量文學
餵養出服裝創意

提到時裝品牌「APUJAN」，最令人印象深刻的便是每季與作品一起公布的「參考書單」，近年甚至將書籍融入秀展與體驗活動中，詹朴說：「之前我們就讓東歐模特兒在英國秀展舞臺上，拿著韓國演員的臺灣中文版自傳《走路的人，河正宇》大步走路。」

詹朴的童年在書堆之中成長，一本本古典、科幻與推理小說，一部部日本和美國的動畫、漫畫、特攝片及科幻電影，形成他源源不絕的創意養分，也構築出他強烈的喜好和腦內宇宙。

八〇年代中期出生的詹朴，直到長大後研究織品和服裝，才開始認識八〇年代服裝潮流。因為在臺灣生活成長，詹朴理所當然受到日本文化的影響。七〇年代尾端，正是日本黑色浪潮崛起時期，山本耀司、三宅一生等設計師在歐洲時裝圈深耕多年並受到肯定，亞洲設計師對服裝的詮釋、人體與布料的關聯、東方色彩和傳統

JUKI

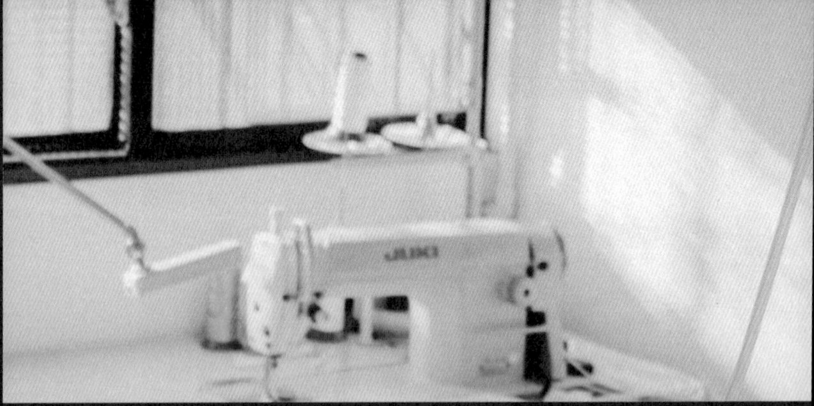

服飾的元素運用，蘊含在作品中的隱喻和哲學，在在衝擊了歐洲時裝圈，不僅奠定黑色為主色調的世界時裝潮流，也間接影響日後詹朴的設計運用。

創作時，詹朴會先決定當季主題，再找出自己曾經閱讀過、可對應主題氛圍的參考書籍作為溝通工具，讓工作夥伴如音樂製作人、導演、印花設計師等，透過閱讀來進入還未具象化的世界觀。雖然主題偏幻想架空，但詹朴認為：「時尚的發展脈絡與社會息息相關，時尚的需求反映社會波動，不論是想像或是回溯舊時光，都建立在既有的現實基礎上，而服裝就是經過時光累積的淬鍊。」

雖然故事主題與年代感不同，背後卻有很多共同點，基本與「時間流逝」有關，貫穿不同主題的共通元素：恐龍骨骸、時鐘、玫瑰花、鑰匙、星球，其實都在暗喻時間與距離的關係。每季時裝不停推陳出新，卻又像是一個循環週期，反映時代需求與文化，雖然不刻意述說社會時事，但將內心底蘊融合織品，結合古典及對未來的想像，就會和產生社會連結。

閱讀服裝中的故事，解讀布料裡的線索

「小時候不擅長接觸人，但特別喜歡摸索服裝布料與人體之間的互動，互動後所產生的

「時尚的發展脈絡與社會息息相關，時尚的需求反應社會波動。」

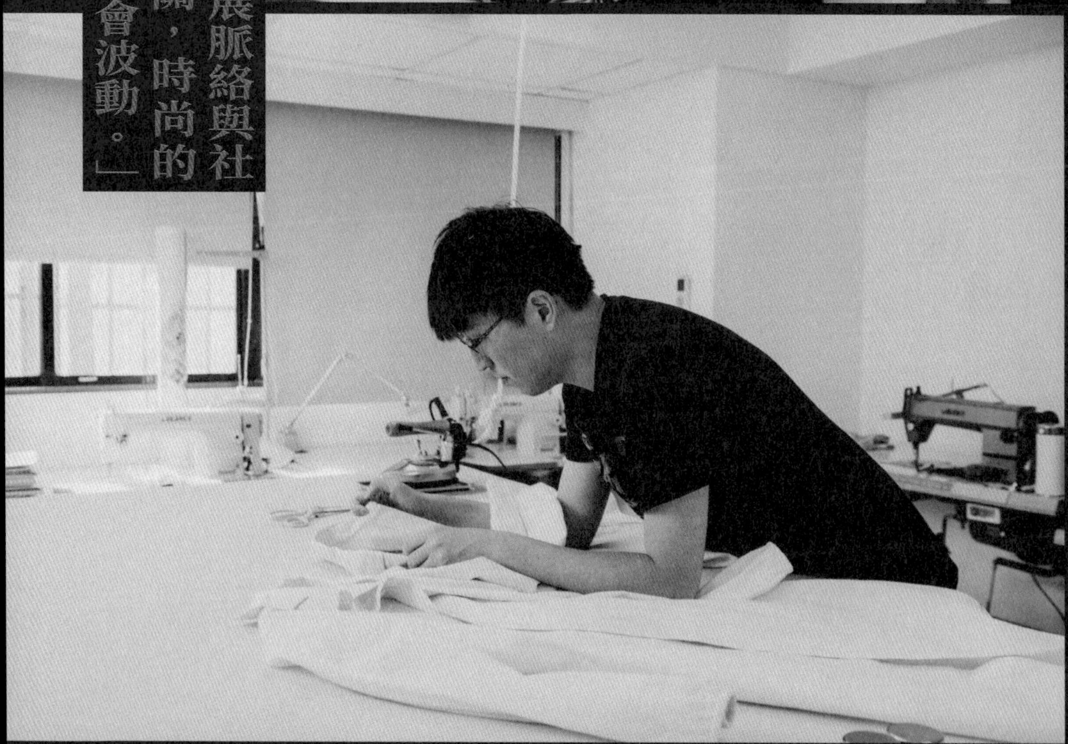

BLACK
PANTHER

關聯更是微妙而有趣，才發現原來同樣的布料和服裝穿在不同人身上，竟會產生不同的連結。」詹朴說。

「APUJAN」並沒有設想客群的年齡層或身形，希望穿著這個牌子的人都能有自己的特質與想法，而不是以服裝來掩蓋本身的個性特色。有時詹朴與工作夥伴也相當好奇，買下自己設計的衣服並穿出門的，都是什麼樣的人？他們如何理解並搭配呈現這些衣服？

服裝可被穿著者各自解讀，而創作者詹朴利用服裝述說故事，在作品中埋藏許多彩蛋與線索。在「光年」系列中，太空船超越光速疾駛向前，回頭看見的是過往的、已無法改變的地球。為了訴說這個意象，詹朴用了四、五款跨越數百年時代風格的服裝，但無論是哪種風格與圖案，都藏著同一艘太空船，可能在古典花卉中、在現代照片拼貼中、在科幻感十足的銀色紗線中。他們期待有人能發現這艘跨越時空飛行的太空船，也許不一定能串連完整的故事，但只要能夠隱約看出關聯，就能讓團隊開心許久，雙方都會感到相當驚喜溫馨——原來我了解你／原來我是被了解的。

營造品牌世界觀，以創意跨界串聯

詹朴認為品牌最重要的是探索自身定位。就像小說和電玩遊戲般，「APUJAN」團隊也花了很多心力建立品牌世界觀，希望每季的秀展和 showroom 體驗活動都與主題緊密連結，比如當季主題是「偵探遊戲」，showroom 就規劃布置成一關關的推理解謎遊戲，一旁書架陳列英式古典推理小說，還找了四位客座 DJ 來播放推理主題歌單，其中包含「貓下去」餐廳的老闆陳陸寬。現場餐點也出自推理故事，可能是偵探愛吃的食物、案件線索，甚至是凶器，並委由「貓下去」發想製作。APUJAN 也曾委託「驚喜製造」打造活動餐點，而「驚喜製造」的「無光晚餐」引路人服裝則是由詹

朴設計，創造了奇妙的互助合作模式。

越來越多異業品牌主動來聯繫尋求跨界合作的可能性，但對他來說最重要的是：「這些品牌希望藉由跟我們合作，傳遞出什麼訊息。」大部分品牌即使一開始不甚理解，但了解詹朴堅持的原因後，都很願意深入分享品牌故事和理念，並由雙方共同決議細節。此外他還與郭元益、米凱樂、吳寶春、麥當勞、雲門舞集、長榮航空等企業單位合作，為對方設計保留原有韻味的全新形象。

面對這麼多合作邀請，詹朴坦言：「我也很好奇他們為什麼會選擇我。」也許看中他是當下時裝界注目焦點；也許欣賞他在締造新風貌時，能將對方的舊有元素與自己風格融合延續。

縝密計算邏輯，打造出一座華麗幻境

「最困難的是無法專心做一件事。」詹朴說。品牌每季都在開發新產品，一百種產品代表一百種製程和一百張時間表，除了必須同時兼顧三季以上系列作品，多線並行的執行流程還會被各種合作案、營運問題與瑣事交互影響。

身為創作者，詹朴希望作品中的每個細節都由自己創作掌控，把故事說得更完整。他回溯到原料，從紗線的染法及織法開始建構，布料的軟硬、彈性、強度也都需要斟酌構思，還必須考量機器的運作邏輯、製作方式和機臺限制，才能織出想要的樣貌。

將腦內構想轉化為實際製作時，是否曾經遇到無法掌控的困難呢？詹朴笑著說：「每天。」

對他來說，時裝設計是商業設計，是以工業化規格開發並可被大量生產複製的「成衣業」。詹朴定義自己是「服裝工作者」而非藝術家，工作內容包含設計、創作、開發、實驗、溝通、製作、生產、對接工廠、零售……，生活被數不清的表格單據、成本數量算式等業務占據，實際上設計的時間其實相當零碎。一件件華美精緻而實穿的衣裳，搭建起一個個如夢般的童話幻想，背後仰賴的卻是縝密計算，以及亂中有序、步步運行的製作實務。

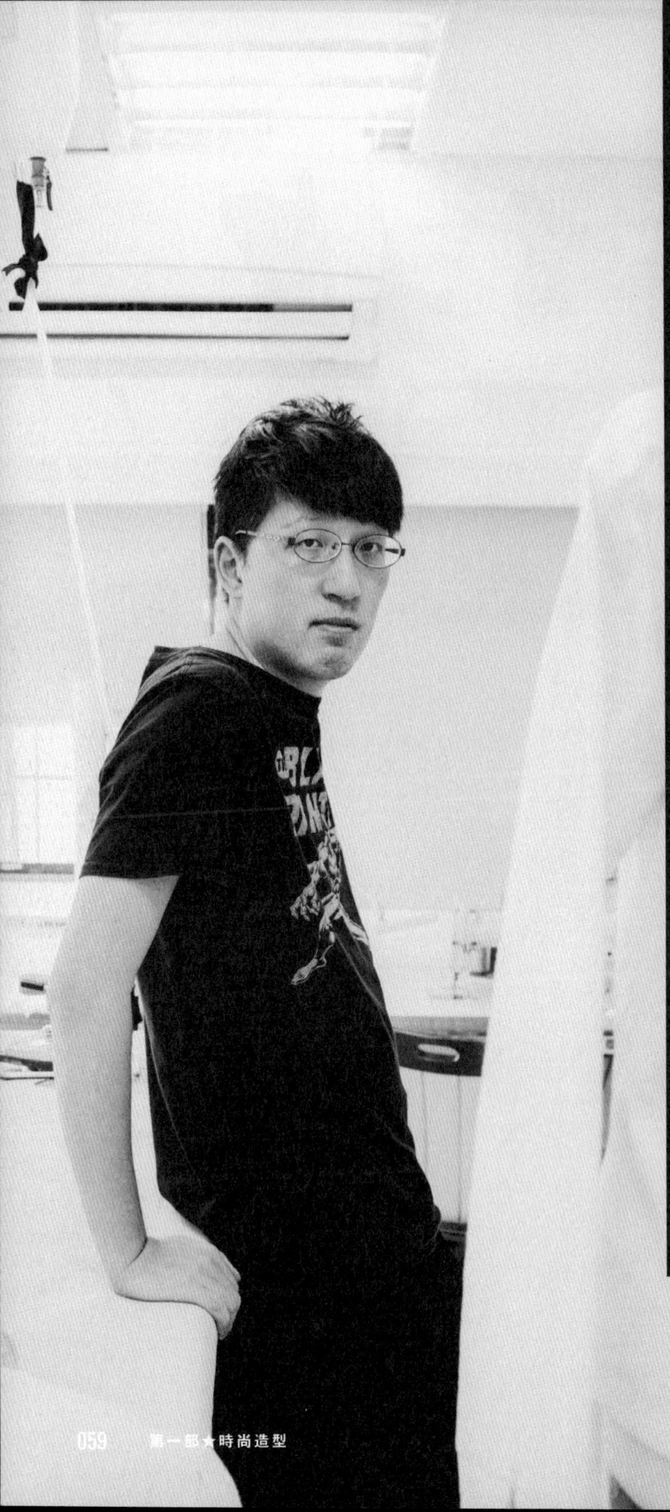

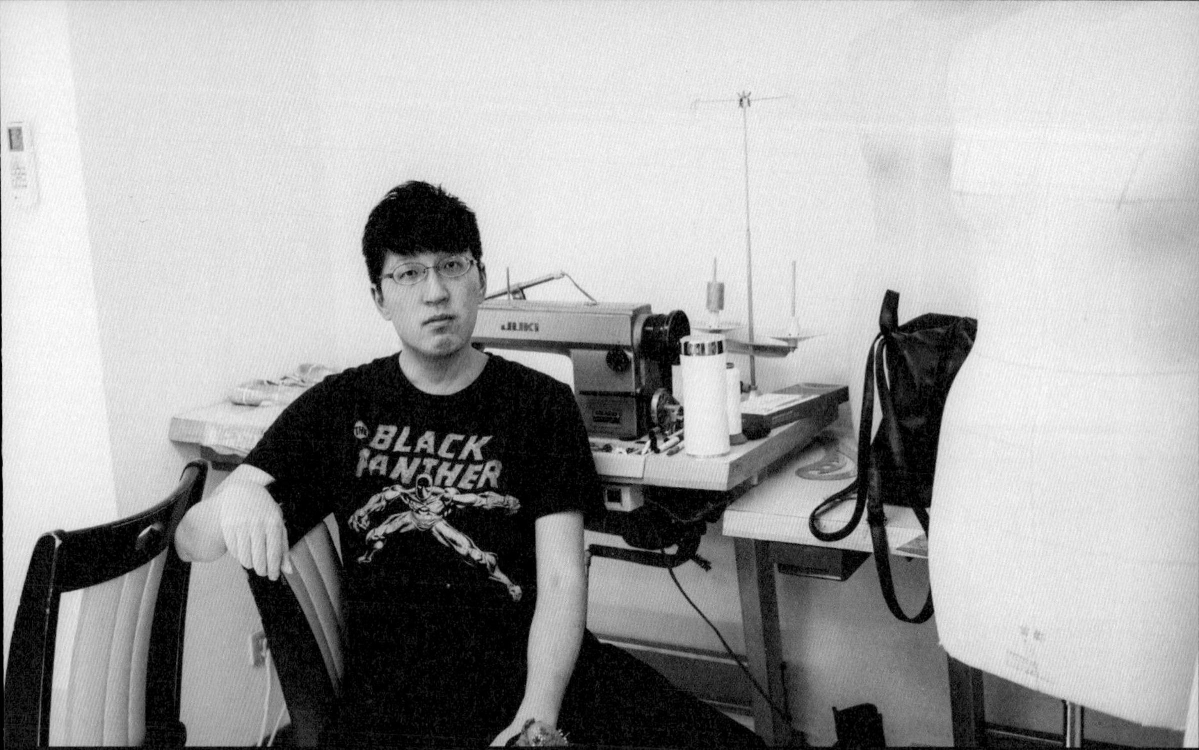

潮人快問快答

／詹朴

Q 「臺北」是什麼？

A 是我生長的地方，節奏緊湊、方便，但人與人之間的距離並不緊密，放諸世界其他繁榮的城市可能都是這樣。雖然城市冷漠，人們卻也習慣這種距離感，就像我們會在社群上發自己動態，等待別人發現，希望別人來了解，卻少主動聯繫。我們的作品中藏了許多不會主

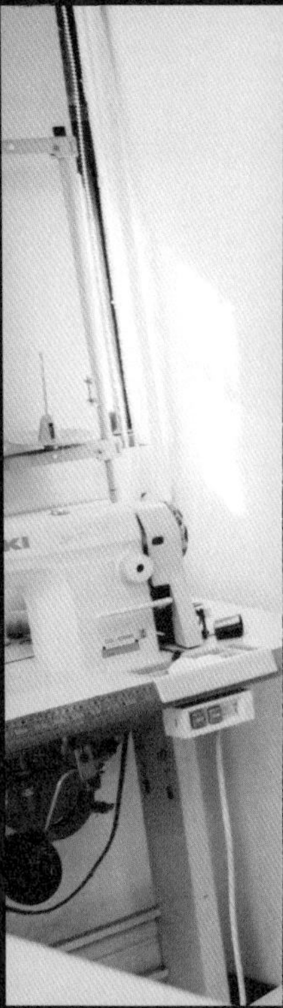

動提及但希望別人發現的細節和典故，或許也是一種很「臺北」的心情。

Q 「潮流」是什麼？

A 時尚的波動與流行其實是事後的分析歸納，不是單一個體有能力創造的。許多人在某段期間剛好做了同一件事，背後共通點的集合就被稱為潮流。但那些人的本意一定是想創造獨特，而非跟別人相同。這反映當時社會的某種情緒與脈絡，也有部分互相影響的性質，例如現在流行與日本品牌或動漫作品聯名，有可能是創作者兒時都受到日本文化影響，長大後因為童年情懷而產生這麼多聯名活動。潮流是無法預知的，就像當初「APUJAN」推出口罩時完全沒有預料到疫情，但現在時尚品牌設計口罩已經成為趨勢。

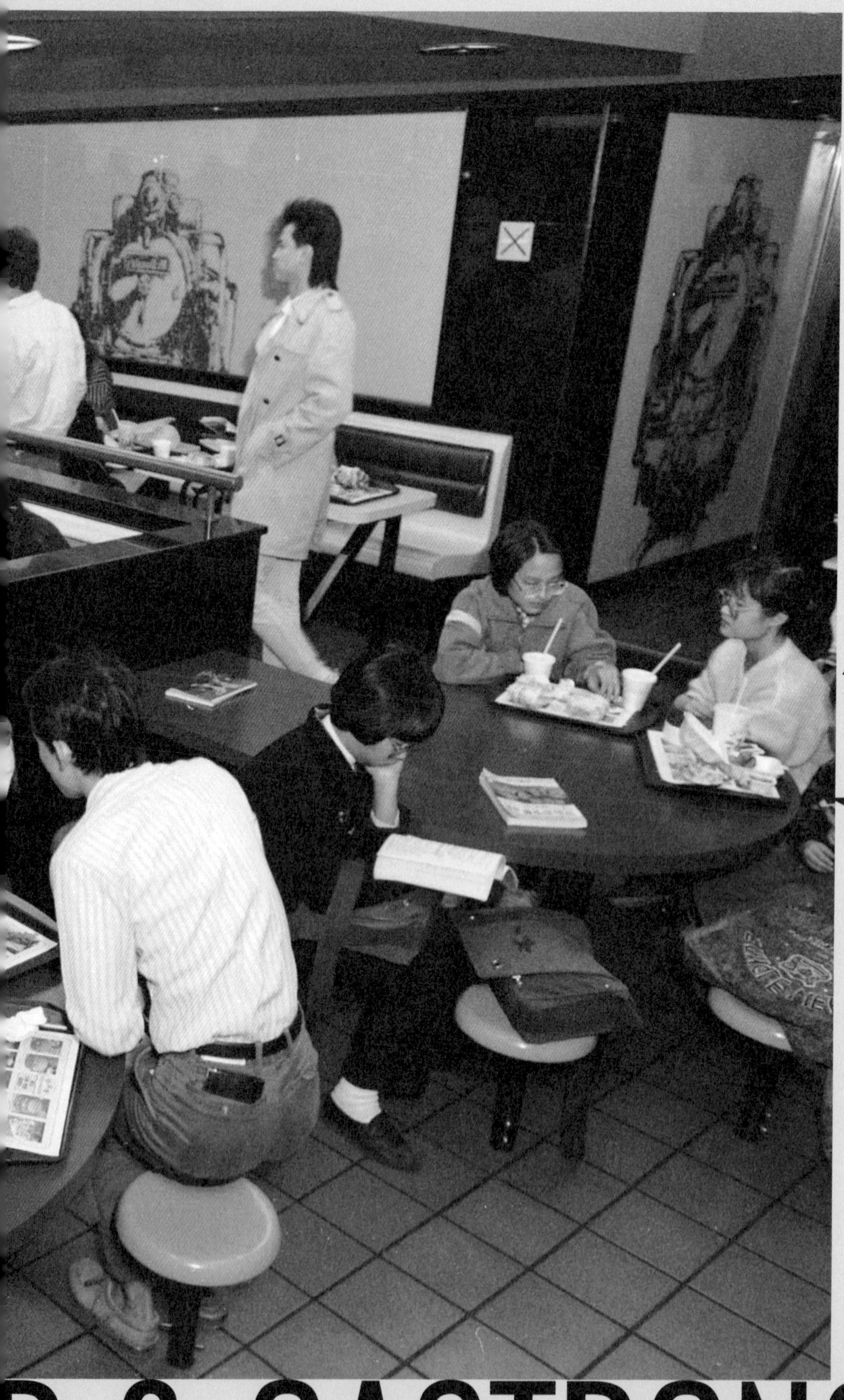

飲食風格☆

PART 2

D & GASTRONOMY

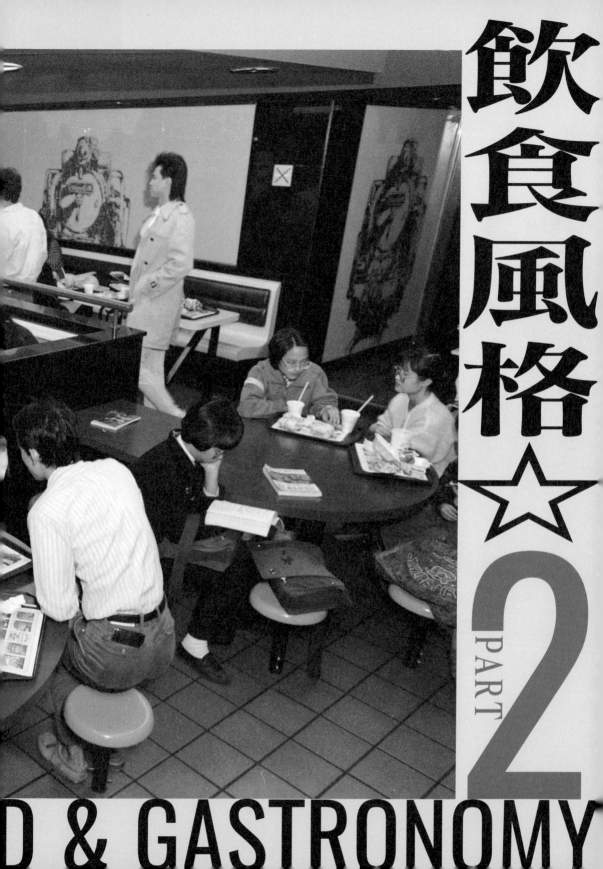

一九八〇年代，隨著經濟成長、消費能力上升，臺灣人的舌尖不再滿足於自家餐桌，外食漸成日常，口味變得豐富而多元，各國料理紛紛崛起，飲食版的群雄割據在臺北火熱展開。

先有麥當勞掀起速食炫風，漢堡薯條成為兒童新歡；再有日系餐飲強勢進軍，東西結合征服老少味蕾；三有雅痞潮人們著手於改造，創造出多重感官的用餐體驗。各種滋味交鋒，在臺北混搭出新的味道。

FO

主題文章

「混」食尚，
臺北八〇的國際味覺戰場

文・陳思安

等下要吃什麼？對於現代臺北人來說，吃飯已經不再是單純維繫生命的手段，「吃飯」這件事，似乎是一種情懷，有時也是一種生活煩惱：究竟這一餐要吃美式料理、義式料理或是臺式美食？

臺北街頭有成千上萬間餐廳，供應著各式各樣的料理，在不同的烹調手法下，料理的樣式相互混雜、融合，不時還會創造出像「臺式日料」般獨

SINCE 1985
I'R

特的新火花。然而，「選擇太多」這樣奢侈的煩惱，對於八〇年代的臺北人來說，可是前所未見的全新體驗。

01

從麵粉到漢堡，美國製造輸入台灣

回顧一九八〇年代最重要的飲食變革，非一九八四年麥當勞登「臺」莫屬，西方的飲食文化及國際餐飲企業的經營模式，隨著麥當勞速食的熱賣，在臺灣掀起一場飲食風暴。

這並不是美式飲食第一次改變臺灣餐桌風貌。早在一九五〇年代，美國為了聯合臺灣共同防堵共產勢力擴張，對臺灣提供各種經濟及政治援助，其中一項便是美國製造的麵粉。但以小麥為原料的麵粉食品，和臺灣人原先以米食為主的餐飲習慣完全不同，為了讓臺灣人能夠接受小麥這種美式食物，有別於一九八〇年代的跨國資本撐腰，五〇年代的麵粉風潮，靠的全是政府的政策輔助。

一九六二年，農復會、美援會和臺灣麵粉工業同業公會共同成立了「麵麥食品推廣委員會」，他們除了到臺灣各地舉辦麵食製作的示範表演會，將水餃、饅頭、麵包和麵食等作法推廣給媽媽們，希望藉此讓麵粉製品從點心變主食，除此之外，在一九六〇年代的報章雜誌上，更時常可以看到「麵食比米食更營養」的宣傳推廣。這個時期，可以說是臺灣第一次如此大規模，由政府從上到下的推廣一種新的飲食風潮，食物選項也逐漸增加。再加上美軍駐臺影響，中山北路晴光市場一帶，美式西餐、酒吧也帶來了不一樣的用餐體驗。

儘管最終美援在一九六五年結束，但是它對於臺灣的餐飲影響，可沒有因此停止，這一次的「美國風潮」，不僅為飲食習慣帶入多元選項，同時，臺灣社會中大家對於品味、流行與高級的想像，也開始多少受到美國的影響。

02 一年吃掉一條高速公路，外食時代來臨

隨著臺灣經濟起飛，西方文化對於臺灣餐飲的影響不斷持續深化。一九七二年，國際級連鎖飯店希爾頓（Hilton）落腳臺北忠孝西路，為臺灣的西式飲食帶來了全新風貌——作為全臺第一家觀光高級飯店，有關希爾頓的新聞與報導，可說是當時的臺北潮人們必須關注的潮流訊息，飯店當季主打的餐飲品項，更是臺灣餐飲界的指標依據，希爾頓副總薛明敏曾在受訪時這麼說：「只要希爾頓做了某樣料理，接下來三個月，全臺灣都會出現一樣的菜。」拿飯店內最著名的餐點燒烤牛排（Roast Beef）來說，一片七百五十元的驚人價格，除了瞬間引起大規模的關注與討論外，更帶起了一波西式排餐的熱潮，以肉類為主食的歐式西餐廳，更如雨後春筍般，紛紛以規模不等的店面，在臺北各處嶄露頭角。

另一方面，隨著臺灣人的外食消費需求提升，消費者開始要求更精緻美味的料理，同時講究餐廳的氣氛與排場。例如前面提到的希爾頓燒烤牛排，就以「水晶餐車」端出作為噱頭；除此之外，許多高檔餐飲業者，甚至領先市場需求，開始標榜新鮮的飲食原料和精湛的廚師手藝相互並陳。

飲食風潮逐漸奢靡，在七〇年代後期，

社會掀起了一股「一年吃掉一條高速公路」的反省討論，根據財政部資料統計，一九七九年整年度，全臺在外食的消費額高達八十三億，其中又以餐飲樣式與種類最為多元的臺北為首，共花費了五十一億元。到此，飲食水準普遍提升的臺灣人，已經無法停下腳步，伴隨當年度臺灣開放出國觀光，帶動臺灣本土與國際的交流，臺視更推出觀光旅遊節目，介紹世界各地的飲食、文化，讓更多人有機會了解不同的飲食風格，加速飲食多元化的進程；同時，報章雜誌上也出現對於臺灣本土餐飲業者的建言，呼籲業者應該要開始思考，如何利用特色留下消費者。日漸開放的社會態度，就像是預告著躁動的八〇年代，混雜著高消費與高服務品質的餐飲，即將成為必然的潮流趨勢。

一九八〇年廢除「筵席稅」的政策，讓整個臺灣餐飲事業出現了翻天覆地的變化。所謂「筵席稅」，最早出現在一九四六年的《臺灣省各縣市筵席及娛樂徵稅規則》裡，表明根據宴會中的餐食、酒水與菸品等物品價格為基準，徵收費用為消費原價的百分之二十，同時，也明定一次飲食未滿三十元者，並不在徵收的對象內。從種種的規定中，可以看出這個「筵席稅」，主要就是針對奢侈飲食行為所定的制度，而其目的就是希望，可以提高備戰時期奢侈性消費的成本，以提倡節約風氣。但是，因為筵席稅難以一一核實，時常有逃漏稅的新聞傳出，加上國家經濟發展蓬勃，日常飲食消費被認為是活絡經濟的一種正常現象，加上社會上對於「奢侈」的認定標準日漸提高，過去的「筵席稅」規範與民眾的生活脫節。各種原因作用下，這項稅制最終被時間淘汰。雖說所有政

策的變革，多少都會經歷陣痛的適應期，不過，對八〇年代的臺灣人來說，筵席稅消失，的確加速且驗證了「外食」這種日漸普及的生活型態。

03

從飲食邁向國際化，兒童大人一次滿足

隨著外食習慣出現，臺北的餐飲市場也渴望更多新的刺激；政府逐漸開放的外資政策，也讓國際化的餐飲品牌，開始出現在八〇年代的臺北街頭。一九八四年，美國麥當勞進入臺灣，主打衛生及歡樂的特色，搭配上品牌的西方背景加持，為它帶來巨大的成功，號召了一批國際連鎖速食企業群起效尤、進軍臺北，展開了一場速食爭霸戰，同時，也為臺灣的餐飲市場掀起了一場國際「飲食革命」。

對於各國美食幾乎「來者不拒」的臺灣，從此開始，由飲食作為媒介，邁向國際化之林。一九八五年溫娣（Wendy's）、肯德基（KFC）等美式速食廠商陸續在臺北開設分店，繼麥當勞創下單日營收世界最高的佳績後，該年七月，溫娣在臺第一家分店也創下了該企業全球單日和單一小時最高的營業紀錄，可見臺北對於新型態飲食潮流的熱切與癡狂。

作為全美第二大速食漢堡連鎖店，溫娣漢堡於一九八五年進入臺灣，到一九九九年全面退出，超過十年以上的在臺資歷，一直存在著一批死忠的擁護者，面對麥當勞這樣強勢的前輩壓力，溫娣當年名聲及顧客累積的成功，靠的不是偶

對於各國美食幾乎「來者不拒」的臺灣，從此開始，由飲食作為媒介，邁向國際化之林。

然的機運，而是觀察市場需求後持續且即時的調整。初來乍到時，為了和麥當勞做出區隔，溫娣在宣傳行銷上，不斷強調速食快餐也可以享受新鮮的「沙拉吧」，但是，當年還沒有健康飲食風潮，再加上麥當勞將客群主力轉向兒童與青年、推出附贈玩具的「快樂兒童餐」，對於通常不喜歡吃生菜的小朋友而言，「溫娣妹妹」顯然不如「麥當勞叔叔」來得有魅力。

不過，溫娣漢堡也因應顧客特性，迅速地做出應變——它改以溫柔的軟性宣傳為主力，除了以「溫娣速食，健康品質」持續訴求優質的食材及良好的用餐環境之外，更強調沒有喧鬧小孩子的舒適空間，以及新鮮、熱而多汁且不適合孩童的漢堡（肉汁可是會把衣服弄得髒兮兮的）。除此之外，視覺廣告的呈現上，在麥當勞推出一系列可愛吉祥物與熱鬧的派對廣告同時，溫娣則轉而宣傳，店裡「沒有為小孩子準備的氣球和帽子」。種種廣告訴求，都可以看出面對強敵的溫娣，希望藉由形象的重塑，吸引被麥當勞忽略的消費者——成年人。

然而，八〇年代的速食混戰可不只這麼簡單，在麥當勞的早餐組合與溫娣漢堡的方形現煎牛肉漢堡爭得火熱之際，一九八六年十月，由天仁食品公司代理的「哈帝漢堡」（Hardies）以超強新人之姿，風光的在西門町開設三百坪的超大坪數店面，當年的副總統李登輝，還在店裡與美國哈帝漢堡總裁見面，更獲得不少媒體報導，這也讓哈帝即使作為速食競賽中較晚參加的選手，還是一出場就吸引了眾人的目光。

有別於溫娣漢堡從目標客群上和競爭對手做出區隔，哈帝漢堡選擇從行銷策略上殺出重圍。最著名的兩項創舉，分別是擁有獨特包裝的「大歡樂薯條」，還有促進消費也創造話題的「一元薯條」活動。因為觀察到消費者大多習慣購買便宜的小份薯條，哈帝特別在薯條的包裝上創造出豪華感，希望可以增加民眾的購買意願。除此之外，利用「一塊錢能買什麼？」這句話作為廣告號召，推出加一元多一包薯條的活動，新穎的促銷方案，不僅達到銷售增量的目的，同時，也為哈帝做了有效的宣傳。

在這波活躍的速食浪潮下，中式的餐飲業者同樣受到了衝擊與啟發，希望從八〇年代的國際飲食刺激中，尋找創新的可能。例如一九八四年，來來大飯店推出「中式」的漢堡速食，利用當紅的漢堡概念，結合以往常見的咖哩、叉燒口味，創造新式漢堡市場。不僅大飯店追逐潮流，一九八五年五月的報紙上，也出現一家「米當勞」的廣告，小飯館主打販售米製的中式速食，利用麥當勞的販售概念結合中式餐飲習慣，和西式速食相抗衡。可見在八〇年代的臺北，飲食的風格已經快速的在國際連鎖企業進駐的同時，不斷碰撞與融合出全新的樣貌。

04 日系連鎖也來參戰！

除了美式速食連鎖餐飲的風潮外，異國餐廳群起的八〇年代戰場上，當然少不了東亞潮流前線的日系餐飲。

當時的日本可以說是全亞洲第一個接收歐美文化的流行基地。一九八六年，日式速食連鎖餐飲「儂特利」進軍臺灣，為了和美式速食做出區隔，特別以「鮮蝦漢堡」作為品牌主力，口味上較偏向日式風格，也是臺灣市場上第一個以蝦

位於館前路的臺灣第一家吉野家現仍營業中

類海鮮為主食的漢堡，更為當時的漢堡市場投下了一顆震撼彈。同時，兼賣義大利麵和甜食布丁酥也是儂特利的特色之一，這些少見的餐點組合，讓儂特利一登臺，就受到了許多關注。

除了儂特利之外，八〇年代的日系速食還有一個很重要的特色，相較於西式速食，日系企業的整體飲食習慣，和臺灣傳統的飲食文化比較接近，也更容易被消費者接受。例如，現在還持續在臺灣營業的「吉野家牛丼專賣店」（YOSHINOYA），就是經典的案例之一，一九八八年第一家「吉野家」在館前路開幕，主打二十四小時都可以吃到平價的丼飯料理，以稻米為主食的速食餐飲，很快就在臺北的飲食市場中，找到自己的位置，登臺隔年，更傳出要與「全家便利商店」合作便當的新聞，更是為八〇年代飲食產業的可能性，開創

出全新的視野。

主打符合東方人口味的日系速食，還有連鎖的「日式西餐」店。相較於七〇年代強調原汁原味的正統西式餐廳，八〇年代的日式西餐一出場，就以它「混血兒」的身分作為賣點。例如，在燉飯上放上滿滿的乳酪絲，變身成華麗的「焗烤飯」，或是利用西式的番茄醬為佐料炒飯，鋪上黃澄澄的蛋皮，變成酸甜的「蛋包飯」，利用西式元素結合東方的飲食習慣，相較於傳統西餐，更加平價且親民，在八〇年代的青年中廣受歡迎。其中，又以日本雲雀（Skylark）集團旗下的「芳鄰餐廳」最具代表性。這間標榜平價的外食餐廳，定位介於美式速食店和高級西餐廳之間，主打風格就和餐廳名稱一樣，以橘色身軀、桃紅翅膀的黃嘴小鴨為形象代表，有別於速食強調快速、便捷，芳鄰希望塑造出家庭的溫馨氣氛，讓顧客可以好好坐下來用餐，搭配親切的服務及合理價位，並提供多樣化的餐飲選擇，不僅有小孩的家庭喜歡光顧，許多年輕的大學生，也喜歡在芳鄰聚會聯誼，是八〇年代一個老少咸宜的日系連鎖餐飲代表。

而家庭感的餐飲需求也在芳鄰出現後，開始受到臺灣餐飲界重視，到了九〇年代初期，過去曾透過代理麥當勞獲得巨大成功的寬達食品，也在長春敦化路口，引進臺灣第一家美式家庭餐廳「TGI FRIDAYS」。有別於芳鄰的親切溫馨，FRIDAYS 試圖創造外場服務人員和顧客間活潑互動的獨特用餐氛圍，對待客人，就像是到家裡拜訪的朋友。如此不同的餐廳風格，卻共同滿足、延續了臺灣家庭外出用餐的需求，讓臺灣逐漸多樣的外食風味中，有了更多元化的顧客群體。

05

國際的臺灣——青年在餐廳裡種了一棵樹

若說擁有豐厚資本加持的國際連鎖速食，是八〇年代飲食混合的主色調，那麼，解嚴前後回國的海歸派青年，為臺灣餐飲帶來的思想火花，就是當代飲食風格畫布中，不可或缺的鮮豔輔色，他們用各自鮮明的特色，綻放出一個又一個的經典。

當時臺灣社會氛圍逐漸開放，經濟條件的提升與新資訊的傳入，使得八〇年代的年輕人，開始對生活有更多想法、探索更多可能性，而這也同樣地反映在他們對於飲食的要求上。除了樂於接受和熱衷探索全新的飲食口味之外，對於食物，當時年輕人想要的可不只是「好吃」這麼簡單，從服務生、餐廳氛圍到空間裝潢，每個微小細節，都成為新一代消費者在意的地方。

從二十歲左右，就開始跟隨建築名將漢寶德學習建築設計的建築師登琨艷，在八〇年代臺北，創造出至今仍讓許多潮人念念不忘的「舊情綿綿」西餐廳，就是餐飲與空間相互配合的經典之一。八〇年代臺灣在建築美學上，吹起了一陣「後現代主義風潮」，位於中山北路上的舊情綿綿西餐廳，除了飲食菜單是時下最流行的中西合併外，在裝潢上更是別出心裁。三層樓的舊式小洋樓，設計上保留部分舊建物的牆面與結構，並大膽加入了現代建築的元素及概念，使用大理石與鋼管創造出藝術感極強的用餐空間。

此外，登琨艷在東區的舊情綿綿分店裡，還有一項創意，直到今天，許多八〇的潮流雅

從服務生、餐廳氛圍到空間裝潢，每個微小細節，都成為新一代消費者在意的地方。

痞談論起來還是記憶猶新——他將一棵大樹搬進了餐廳。在那個剛開始有人把設計思維融入飲食商業空間的年代裡，將原本屬於室外的大樹放置於室內，創造一種裡外穿梭的動態感；這棵樹的出現，像是一個預告，更像是一個宣示，透過空間的重新思考，讓臺北人看到跳脫既定框架、無限的創意與可能。

「舊情綿綿」之外，登琨艷的「現代啟示錄」又是另一個餐飲體驗上的突破。現代啟示錄和舊情綿綿風格截然不同，如果說舊情綿綿是雅痞之間的品味空間，那麼，現代啟示錄可能是更接近群體同樂的聚會場域，當時迪斯可風潮漸興，簡單重複的音樂特性，不僅在夜場生活中受到喜愛，DJ與音樂也被登琨艷搬到現代啟示錄裡，創造出多重感官交會的用餐體驗。

八〇年代不僅在餐飲裝潢上有全新的風貌，還有一些人，試圖挑戰大眾的用餐習慣。其中，又以一九八〇年代初在中山北路、南京西路口開幕的「葡吉歐式自助餐」最具代表性，乍看「歐式自助餐」這幾個字，常讓人誤以為是什麼新型態的高檔西餐廳，不過，恰恰相反的是，日本華僑吳四寶帶入的「歐式自助餐」承襲日式歐風餐館的特色，標榜低價、物美、衛生與乾淨。擷取過往中式自助餐與西式自助餐（Buffet）的概念並融合，以菜品計價，消費者根據喜好自行選擇，不僅讓餐廳得以節省人力開支，也兼顧自由年代消費者個人意志的表現。之後，類似的歐式自助餐廳在臺北街頭林立，在嘗試新型態經營模式的同時，也將不同菜系的特色融合在一起，為八〇年代的味蕾，增添一抹滋味。

06

「混」出臺灣新滋味

臺灣的代表美食究竟是什麼？回顧一路以來的臺灣飲食風潮，其實不難理解，在過去的外食習慣變動過程中，社會大眾的消費模式是如何在不同的程度上，受到國家政策與經濟條件等外部因素的變化而改變，正如我們在五〇年代重新認識麵粉，又在六〇及七〇年代愛上西餐，然後，在八〇年代，毫無保留的接納異國新滋味，在不同時代裡，無論是消費者或是從業人員，多少都曾在不同飲食風格中流轉與再生，並開創出新的產品。

然而，八〇年代的飲食風潮並不僅止於異國風味的接受與加入而已，還是有一群人，在面臨新事物衝擊時，重新回頭緬懷家鄉的味道，正如八〇年代的飲食文學中掀起的一股懷鄉風潮，無論是從中國傳入的各系菜品，或是在臺灣土生土長的臺菜滋味，也在同一個時期重新受到重視。八〇年代，黃金而奔放的十年，在飲食上面對正式與非正式的交互衝擊下，臺灣的食客們，以包容的態度接納一切，或許，正是因為沒有需要捍衛的「正統」，所以，這個起飛世代的年輕人才能在現實與夢想間，柔軟而有彈性的雜揉一切可能，「混」出屬於臺灣的味道。

麥當勞

那些年，我們一起追的漢堡

ld's

文●陳思安

一九八四年一月二十八日，全台第一家麥當勞，在民生東路上開業，第一天營業額衝破一百二十萬新台幣，開店首週就創下全世界麥當勞單週營業額第一的世界紀錄。這些豐功偉業，在在顯示這家美式速食巨頭，為八〇年代的臺北，乃至整個臺灣的飲食產業，投下一個威力強大的震撼彈。

在八〇年代青年的記憶裡，麥當勞就是當時最熱門的關鍵字、最潮的餐廳，沒有之一。麥當勞的成功，也為臺灣吸引了其他跨國連鎖速食業者的注意，更多的速食連鎖店受到鼓舞相繼來臺北設點，除了一九八五年進駐臺北的漢堡王，前第一信託的曾家也迅速

McDona

表態要引進美國溫娣，接著，哈帝、肯德基、儂特利、摩斯漢堡……，五花八門的速食，讓臺灣飲食文化進入百家爭鳴的時代。

本土餐飲業強烈抵抗

不過，麥當勞並不是一直以來都受到所有臺灣人的喜愛。

麥當勞登「臺」前幾個月，傳出來臺開設分店消息時，就遭遇到本地餐飲業者的強烈反對。臺灣傳統餐飲業者認為，政府如果准許國際速食企業來臺，將會危及到中國傳統的飲食文化與烹飪藝術。當時立委蕭瑞徵以美國不願意進口過多臺灣稻米，同理政府也應該保護本土農產品為由，建議經濟部慎重考慮開放麥當勞進入臺灣市場。除此之外，針對麥當勞全球標準化的經營模式，也有立委認為這樣無利於臺灣的經濟發展，一九八三年《民生報》焦點新聞更直接評論：「麥當勞大量傾銷的銷售技巧，將使美式食品廣為流行，對國人飲食習慣如果發生影響，並非國家社會之福。」

然而，這些保守的反對聲浪，依舊敵不過八〇年代社會渴望新事物的能量，臺灣的消費者，用亮眼的銷售額告訴全世界，他們正在等待接納各種刺激。當時的年輕消費者回憶，麥當勞給人一種「時髦的感覺」，除了它經常出現在西洋電影中，更大的原因是因為其設點位址，還有整體門市帶給人的氛圍。

東西夾擊，攻占大臺北

臺灣第一家麥當勞，就位於八〇年代的「金融一條街」，臺北民生東路和敦化北路口。那裡聚集了眾多外資銀行企業，收入中上的白領階級，中午都吃漢堡當午餐，無形間讓麥當勞的薯條漢堡，多了一層華貴的形象包裝。

「當時要進去外資企業上班是很不容易的。不過，就算不能在裡面工作，和那些白領坐在一起吃著一樣的漢堡，這點還是消費得起！」現年五十多歲的知名經紀人 Billy 回憶起當時對第一間麥當勞的印象，這麼說到。

一九八四年三月三十一日，全臺第二家麥當勞於西門町昆明街開幕。這次的店面選址，可以清楚地發現，麥當勞企圖將「速食風潮」與樂於接受新刺激的年輕人間，建立起更緊密的連結——除了店裡取消兒童遊戲區，整體的裝潢用色上，也使用更鮮豔活潑的色系，和民生店的「美式田園」風格做出區別，營業時間也配合年輕人的生活習慣而調整。

「那個時候和喜歡的男生出去，都會到西門町去看場電影，

全臺第一家麥當勞，有留意到「麥當勞」的文字方向是從右到左嗎？

然後再去麥當勞喝個奶昔。」一九八九年《民生報》回顧麥當勞登臺五週年的影響，如此形容麥當勞與時下青年間的關係，在八〇年代的臺北年輕人日常中，談戀愛的最佳場所，已經從爸爸媽媽的冰菓室，變成美國來的麥當勞。

在麥當勞打工的孩子不會變壞

麥當勞為臺灣帶入的改變，不只飲食層面。作為跨國餐飲企業進入臺灣的首例，麥當勞也是第一個創造出「工讀」詞彙，把學生打工風氣帶進臺灣的企業。

面對「萬般皆下品，唯有讀書高」的文化，儘管麥當勞企業形象良好，要讓臺灣父母接受孩子去打工，還是需要一些應對策略。「當時最有名的招募廣告標語就是『在麥當勞打工的孩子不會變壞』，不僅工作的地方明亮寬敞，而且麥當勞以時薪計算工錢，父母更好掌握孩子的行蹤，根本一舉兩得。」曾經在麥當勞工作過的八〇青年，回想當時父母知道他要去麥當勞打工時臉上贊成的表情，還是覺得不可思議。

你以為「讓爸媽也放心的工作」就是麥當勞的極限了嗎？告訴你，八〇年代的麥當勞魅力可不只如此。作為速食餐飲的先驅，麥當勞的影響力甚至橫跨服裝流行產業，連百貨公司都想和他 cross-over——麥當勞進駐臺灣還不滿一百天，還沒有推出「快樂兒童餐」時，芝麻百貨（本書下一部就會提到這個臺北東區百貨傳奇）舉辦的全臺最盛大服裝秀「流行的預言」，有一個以麥當勞漢堡為主題的單元，以服裝的動感，闡釋麥當勞對兒童產生的影響。

由此可見，麥當勞在八〇年代確實是個老少通吃的狠角色啊！

特別來賓 *Special Guest*

孫大強

臺灣美式餐飲教父

文●陳思安

滿頭白髮的他，白色襯衫上套著一件牛仔外套，顯得特別瀟灑有精神。簡單寒暄過後，孫大強優雅地從斜背包中，拿出自己最近新作的詩詞和畫冊……。你可能還以為眼前這位是一位風度翩翩的詩人，但其實，孫大強被譽為「臺灣美式餐飲教父」，他和手足孫大偉成立的「寬達食品」，在社會榮昌的八〇、九〇年代，引進了麥當勞、TGI FRIDAYS、Hard Rock Cafe 等多家美式餐飲品牌，不只改變了日後臺灣的餐飲體系，也深深影響了我們這一代人的日常生活。

把麥當勞帶進臺灣，其實和孫大強的成長歷程有關。孫大強在香港長大，中學時至澳洲讀書，後憑藉努力於一九六〇年代，成為美國名校堪薩斯大學（University of Kansas）醫學院唯一一位亞洲新生。在美國留學的這段時間裡，因為華人背景的雙語言及文化優勢，孫大強到一間代理史努比（SNOOPY）產品製造的公司打工，協助工廠即時理解和溝通需求，「後來在臺灣，迪士尼也有來找我（代理），所以我常說，自己最早是在賣狗和賣老鼠的。」孫大強笑著說。因為這份工作，讓他有很多機會在世界各地跑業務，嘗盡各國美食之餘，也結識許多好友，其中包括後來的新加坡麥當勞董事長鮑比關（Robert Kuan）。

一九七八年，關先生初次造訪美國，孫大強和弟弟孫大偉帶他從舊金山一路開車前往拉斯維加斯。途經內華達州沙漠，打算停靠公路邊的餐廳簡單休息用餐，看見沙漠中的麥當勞竟人滿為患，他們嚇了一大跳。「如果把麥當勞也引進新加坡，應該會很有市場。」有了這個起心動念，由關先生主導加上孫家兄弟的協助，新加坡第一家麥當勞成功在隔年開幕。

有了新加坡的成功案例，孫大強也希望可以將麥當勞引進臺灣。回想起當時的聯繫情形，孫大強說：「當時麥當勞公司的人員，請我們留下了基本的聯繫資訊，沒過問其他細節，最後只說『別找我們，我們會找你（Don't call us, we will call you）』，然後就把電話掛斷了。」掛上電話之後，整整半年的時間，麥當勞總公司音訊全無，正當孫氏兄弟準備要放棄時，麥當勞回電了。

「麥當勞的策略，是希望可以和年輕有企圖心的人（young and hungry man）合作，我們剛好符合了這樣的設定。」孫大強回憶，當時臺灣希望代理麥當勞的不只有他，統一集團等大型企業也都有和麥當勞總部接洽。不過，之所以最後由他們兄弟拿下代理資格，就是因為倆人符合麥當勞要求的年輕、有企圖心這兩項特質。

孫大強的企圖心和行動力，確實表露無遺。一九七九年的臺灣，尚未從中美國斷交的影響中走出來，國際處境異常艱難，孫大強深知，若是能再次獲得國際的關注，對於此時的臺灣來說，將會是一件非常不得了的新聞。因此，他和麥當勞公司力爭簽約當天，在芝加哥的麥當勞總部外升起三面旗幟：麥當勞標示、美國國旗與中華民國國旗，更邀請臺灣媒體派記者現場連線轉播簽約儀式，這樣的創舉，成功創造了極大的話題與聲量，也為麥當勞的進駐，開響隆重的第一炮。

薯條也有 SOP，系統化經營創臺餐飲新境界

一九八四年全臺第一家麥當勞在民生東路開幕，次年就創下全世界營業額最高的紀錄。孫大強回憶，麥當勞為了順利登陸臺灣，曾經承諾政府兩項協議。第一、麥當勞同意分享技術與經驗給本土公司，協助提升臺灣整體餐飲業的水準；第二、麥當勞同意在臺灣採購一定比例的產品原料。這兩項承諾，讓這個國際大企業，對於臺灣的餐飲市場產生了更劇烈的影響。

「麥當勞不僅僅是一家餐廳而已。」從經營者的角度，孫大強點出三個麥當勞最創新的地方：系統、服務、衛生。

麥當勞的全球制度體系中，雖然餐廳營運是重要環節，在店面背後完善且強大的支援系統，才是這家跨國連鎖餐廳的品質保證。從供應商、分銷商等採購網路，到人力資源管理和培訓系統，全新的標準化餐飲經營模式，顛覆了臺灣從業人員的認知。同時間，總公司在明確的SOP外，也給「年輕有企圖心的人」很大發揮空間。「當年，麥當勞全力支持我們嘗試，你需要什麼資源，很快就拿到了，因為它的品牌夠大。」孫大強說，這也是當時絕大多數的臺灣餐飲業者辦不到的。

不過，公司健全的體制、統一的標準，為經營帶來優勢的同時，也多少造成了阻礙。例如孫大強曾承諾臺灣政府麥當勞會以一定比例採購臺灣食材，最後卻窒礙難行。以薯條為例，「一定要夠長，放進盒子裡才會看起來又多又漂亮，麥當勞連這種小細節都非常注意。一開始預計要在臺灣種馬鈴薯做薯條，根本不可能。」為了符合總公司要求特定的品種、大小，最後麥當勞薯條用的馬鈴薯，全部都只能進口。

在政府和總公司之間周旋，究竟花費

了多久的時間及成本，孫大強沒有明說，不過，不可否認的是，能夠嚴謹掌握每個小細節，的確是麥當勞相較於其他同樣在八〇年代進入臺灣的跨國連鎖餐飲更加突出的原因。

「麥當勞是非常講究科學的地方。」四十年前，麥當勞成功的營運背後，依靠的是對於數據和科技的了解，有效且精準的市場分析，看準客群需求，制定不同店面的特色，同時，制度化的管理人員，從櫃檯點餐到衛生打掃，所有人都有SOP，讓作業更有效率及一致性。

孫大強認為，當年還沒有「服務」也是商品的概念，更沒想過流程問題。「雖然大多數的臺灣餐廳沒辦法擁有一整套系統邏輯，但是，他們模仿自己看得到的部分，慢慢看、慢慢學，大家對於開餐廳的想法也就慢慢被改變了。」直到今天，還有許多知名的本土品牌，是從麥當勞登臺初期，就跟著孫大強打拚，持續地了解並吸收新的觀念及想法後，才自己出來闖盪的案例。

速食店也賣早餐，麥脆雞其實是正統臺灣味

一九八七年，在那個多數人習慣在家看報紙吃早餐的時代，孫大強和弟弟力排眾議推出「有氧早餐」系列，挑戰臺灣消費市場，西式與外食的雙重衝擊，在熱衷嘗試與改變的八〇年代，獲得巨大迴響，不僅讓麥當勞的業績更上一層樓，更改變了臺灣人對於早餐的定義與想像。

當然，除了美國麥當勞對臺灣飲食的影響，臺灣人的消費口味，也在某些程度上，改變了麥當勞。

「麥脆雞」就是一個例子。孫大強說，

最初在美國，麥當勞的套餐裡都是漢堡、薯條和雞塊，不過，引進臺灣之後，因為觀察到臺灣人喜歡吃雞肉，他特別向總公司提議，希望可以販售帶骨炸雞套餐，「這個餐點也是花了好長時間溝通，美國那邊才同意的，最後因為大受歡迎，才漸漸推行到其他的國家販售。」本土與國際間，雙向的影響與互動，讓八〇年代的餐飲體系，變得更加多元。

蓬勃發展的八〇年代，孫大強兄弟引入麥當勞，秉持麥當勞「品質、服務、清潔、價值」的企業格言，同時堅持自身的創新與發想，在臺灣刮起一股速食旋風。儘管如此，已經七十多歲的孫大強不斷強調，麥當勞雖然讓那一代小朋友童年裡有了溫暖的共同記憶，回頭看，同時也造成了孩童營養過剩問題——正如同跨國餐廳為臺灣餐飲業者引介系統制度的同時，也排除了小規模的特色店家發展，有些影響，或許是風光當下，我們都難以預料的。

潮人現身

打造舊時臺北約會聖地

iR餐廳 邱柏庭

文・陳思安

「iR」在命名時寓意為沙漠中的一片綠洲，如果把它展開來看，還是 international restaurant，簡單的兩個字母，乘載了吳四寶和邱柏庭的期許。從設計擺設、餐點飲品到服務生，位在敦化南路上的 iR 滿足了饕客的味覺、視覺與心靈，也創造了八〇年代的臺北雅痞難忘的回憶。

邱柏廷

「重視每一個微小的細節，所以成就了潮流。」這是幾場訪談下來，邱柏庭最常掛在嘴邊的一句話。

邱柏庭曾在廣告公司、建設公司任職，深愛流行文化的他，一九八〇年代中期，在日裔華僑吳四寶的帶領下，進入餐飲業，成為吳四寶的得意門生和創業夥伴。邱柏庭除了身兼前輩吳四寶與臺灣廠商、員工間的溝通橋梁，也時常和裝潢工班討論，如何將想像化為具體的店面樣式。生性低調的邱柏庭，從個性到經營理念、創新想法上都和老師吳四寶高度相似，或許這就是兩人可以攜手創造這麼多潮流經典的原因，兩人的合作橫跨服飾、麵包飲料以及餐飲，為八〇年代的臺北，留下了許多回味無窮的回憶。

「小的時候，我很喜歡吃麵包和甜食，可能從那時候開始，就對餐飲有興趣了吧！」邱柏庭回憶，自己會從建築業跨足到餐飲，除了從小對食物喜愛之外，還有在吳四寶開設的「葡吉歐式自助餐廳」中，獲得的衝擊與震撼。

臺北南京西路上的「葡吉歐式自助餐廳」，概念上承襲傳統自助餐形式，但同時以寬敞、乾淨與時髦的空間設計，搭配日系歐風的餐點小食，創造別開生面的用餐體驗。邱柏庭回憶，解嚴前夕的臺灣社會，已經逐漸接收到來自歐美國家的影響，對比上一個世代，八〇年代的年輕人，嚮往更多的自由與自我意識的展現，而「葡吉歐式自助餐廳」就是具象化的體現。「那是一個非常open的空間，整個場所非常的明亮，充滿流行與現代感，人與人很自然產生了互動，創造了全臺歐式自助餐流行風潮。」

有眼光、有辦法、能實踐，

吳四寶的成功三部曲

邱柏庭與吳四寶在一九八五年左右開始合作，他們開創的第一間餐廳，就是現在四、五、六年級的臺北人，最津津樂道、念念不忘的 iR 西餐廳。「以前每逢假日，iR 外面一定大排長龍！」邱柏庭笑著說，如果當時有男生想要追女孩，為了展現自己的品味與誠意，一定會想辦法帶喜歡的人去 iR，「請喜歡的人到 iR 吃頓飯，是一件很有面子的事，而且，女生答應追求的機率很高。」

iR 之所以能在八〇年代臺北的餐飲圈中，成為指標性的餐廳，邱柏庭謙虛的認為，這全歸功於吳四寶：「因為他可以做到三件事，第一他有眼光，知道什麼是會吸引顧客的潮流，再來，他知道要怎麼做，最後，也是最重要的，他有這個能力可以做得出來。」

身為日本華僑的吳四寶，因為特殊身分，常往返臺灣與日本，也因此看到了兩地在流行與文化上的差異。「日本當時是亞洲第一手接收歐美流行資訊的地方，臺灣因為戒嚴的關係比較落後，在他（吳四寶）眼中，就像是看到十幾年前的日本一樣。」邱柏庭說，資訊差異所創造出來的機會，正是吳四寶可以脫穎而出的原因。當時日本，憑藉著電子科技及汽車工業，已經逐漸從二戰後的頹勢中振作，再加上一九六四年的東京奧運經驗，日本對於國際流行的觀念和接受度，是一九七九年才開放國人觀光出國的臺灣不能相比的，「像是 iR 採用黑白色為主的裝潢，在臺灣我們算是第一個，不過在日本，是很常見的。」

除了時裝之外，不安於現狀的吳四寶，更跨足了美髮與餐飲，「剪刀、菜刀、剃頭刀，臺灣話俗稱『最難料理的

> **“** 請喜歡的人到 iR 吃頓飯，是一件很有面子的事。

三把刀』吳四寶都有涉略。」例如本書第一部提及的比其服飾以及與邱永漢合作開設的「飛利髮廊」，除此之外，家族從事餐飲的背景，更讓吳四寶宛如站在巨人的肩膀上，為八〇年代的臺北餐廳帶來了許多意想不到的可能與嘗試。從南京西路的葡吉歐式自助餐廳，到一九八四年在房價高昂的東區僑福花園大廈一樓開設椰如餐廳，吳四寶的餐飲帝國，吸引了包含邱柏庭在內，許多時髦青年的注意。

赴日取經，大膽創新打造獨一無二的iR

即使擁有預知潮流的方向感，要如何把概念和潮流想法融合、轉變為適合臺灣社會的模樣，又是另外一項功力的展現。以iR來說，從餐廳的取名上就十分講究，不僅選用八〇年代中期最流行的全英文名稱，邱柏庭指出，「iR」在當初規劃時，命名寓意為沙漠中的一片綠洲，讓不同形式的經營形式被帶進臺北。「如果你把它展開來看，iR還有international restaurant 的意思。」簡單的兩個字母，乘載了吳四寶和邱柏庭兩位創辦人的期許，有著多重且正向積極的意涵。

不只餐廳的名稱，餐廳由內到外、從食物到人員，每一個小細節裡，也都充滿意想不到的巧思。iR的雛形，是從日本獲得啟發、在臺北大膽嘗試的全新設計思維：以黑白色系作為裝潢主色，內部空間寬敞明亮，座位間距的安排，相較於臺灣傳統餐飲店家，更為寬鬆舒適；另方面，打掉面對街道的牆壁，改裝成整面的落地玻璃，不僅增加室內採光，透明的玻璃帷幕也打破了隔閡，向過往的行人發出高雅而有品味的邀請。

兩位創辦人除了自己到日本汲取靈感，他們更聘請日本的店面設計團隊到臺灣，從裝潢風格到概念氛圍，都由同一個團隊操刀規劃，力求維持iR的主題風格一致。根據iR的廚師何慶男回憶，當時就連店內的菜單和煙灰缸，都是直接到日本訂製專屬iR的風格單品，甚至，還發生過因為煙灰缸太有質感，讓日本來的師傅誤會是餐具，直接拿來使用的趣事。

就連服務生，也是精挑細選、萬分講究——iR最令人稱道的特色之一，就是服務生個個都是俊男美女。除了先天資質上的要求，少男少女在成為正式的服務人員之前，還會被帶到「飛利髮廊」好好Sedo（打扮）一番。邱柏庭笑著說，那時候每到情人節或是聖誕節，iR整間店裡四處都擺滿了要給服務人員的花束、禮物，可見他們的高人氣；當時就連星探、導演也都喜歡在iR尋找下一個明日之星。沒說你不知道，現在線上許多明星，像是金城武、林志穎、陳孝萱等，也都曾是iR的服務人員呢！除此之外，當初有很多明星、模特兒以及時尚工作者都很喜歡來iR，下午茶來杯拿鐵加栗子蛋糕，晚餐時看到都是帥哥美女，打扮入時，彷彿身在一場高級時尚Party，令人流連忘返。

隨著iR逐漸步上軌道，吳四寶和邱柏庭兩位創辦人也沒有閒下來，「我跟吳先生很常一起聊天，就源源不絕的有新的點子和想法，我們像是火車頭，一直往前去開發新的東西。」他們憑藉著iR的經驗，帶著創意和想要做更多嘗試的想法，先後在臺北開設了「小葡吉」和「iR天母店」。

「那時候，就是想要把國外好的、流

行的東西帶進臺灣。」在東區巷弄內的「小葡吉」，模仿歐洲最流行的站立式咖啡店，講求快速、方便也可以享受好的義式咖啡，同時，也在店裡結合現烤的麵包一起販售。「就像是歐洲的 stand 咖啡店一樣，整體概念上是好的，不過，吳先生走得太前面了。」邱柏庭回憶，那時候，小葡吉甚至還提倡外帶咖啡，「整間店裡是沒有座位的，最多就是一張桌子，有點像是現在的手搖飲一樣，拿到飲料之後，大家不會在店裡停留太久。」只是，當時的消費者，對於咖啡的需求和認知，不像現在這麼普及，小葡吉最後並沒有想像中的成功，「可是你看，這個概念放到現在，很多人都是這樣做的。」雖然可惜，不過看到現在的咖啡產業發展，就像是再次印證了吳四寶對於潮流的眼光，有多麼的精準。

「我覺得吳先生了不起的地方是，他不怕失敗，敢於創新，一直從日本引進新的想法！」一九八〇年代後期，iR 在台北的名氣越來越大，許多港星來臺灣宣傳新片，都指名一定要到 iR 用餐，這時，吳四寶和邱柏庭開始思考，要為 iR 拓展店面，不過，他們不甘於複製一間一模一樣的餐廳，因此天母的複合式店面就此誕生了。店面的靈感取經於當時日本的流行百貨店面，在一個空間中，提供多種不同的服務。iR 天母店結合了吳四寶旗下的飛利髮廊與 iR，前所未見的產業組合，很快吸引了消費者的目光，在社會上掀起一陣討論。除此之外，為了吸引當地的外國居民，店內甚至嘗試代理外國商品，像是現在大家熟悉的 Godiva 巧克力及法國 FAUCHON 茶葉等國外品牌，成為天母社區中的時尚高級餐廳。

> **“我覺得吳先生了不起的地方是，他不怕失敗，敢於創新，一直從日本引進新的想法！**

不打廣告，全靠口碑

「除了各式各樣的小巧思之外，食物本身也是iR非常重視的。」作為餐廳，食物，才是iR的一大重點。從冷盤的小點、主食套餐、飯後甜點到配餐飲品，每一道餐點都經過精心設計，當時iR的廚房師傅，全是直接和日本廚師學習做法，擔心顧客吃膩，一個師傅總共要學會超過四十種的冷盤做法，每天輪流提供六到七種不同菜色，滿足食客們對新鮮感的渴望。

曾在iR擔任服務生的女星陳孝萱回憶，那時的她常躲在蛋糕櫃後面，看著一個個美麗的蛋糕，即使一次都沒有吃過，不過，因為是從沒見過的甜點，直到現在仍然印象深刻。「還有派脆濃湯和史提飯，至今還是很多人說非常懷念。」邱柏庭笑說，這些令人印象深刻的餐食，全是專屬於iR的獨創，「食物的好壞，一吃就知道，味覺是很直接的東西。」他不斷強調，iR之所以可從八〇年代開始，一直受到臺北東區潮人們的喜愛，靠的全是顧客間的口耳相傳，「iR從來都不打廣告！」有沒有用心，是絕對騙不了人的。

為了打造心目中理想的餐廳，吳四寶和邱柏庭投入大量時間和金錢嘗試，有時為臺北創造了不朽的傳奇，有時也會失敗，但是他們仍然相信，敢投資、敢「挑戰」用最好的設計師以及經營團隊，才可能創造好品質。「曾經有人形容吳四寶先生不是天才，就是瘋子。」邱柏庭說，為了創造出好的作品，吳四寶好像從來沒有在計算成本，但是，跟著吳四寶闖蕩的這些年，他知道，那是兩人有默契的堅持，也是吳四寶最讓他佩服的地方，「他總是敢花錢找最好的來做，為這個市場創造良性的競爭與循環。」這是他們在八〇年代的叛逆，在那個國際企業不斷湧入的年代，他們沒有龐大企業系統的支持，仍努力堅持自己認為對的事情，一路走到現在。

UIT OF THE LO

進食場所之外，餐廳的更多可能

「貓下去」負責人．陳陸寬

文●徐慈臨

To be continued...2021

新潮待續

從八〇年代引進國外大型連鎖品牌與營運制度開始，臺灣餐飲進入劇烈轉捩點，新滋味不斷衝擊著人們的味蕾和服務體驗，中小型餐廳也帶著各自的特色緊接崛起、百花齊放，從連鎖店的一致滋味中，走出自己的口感。然而近年來透過網路，人們快速群聚、追逐、評價，一間餐廳的壽命經常縮短成幾個月就改頭換面、易主再戰，爆炸的資訊量讓餐廳「越來越不好做」。該如何找尋餐廳的定位，建立無可取代的獨特賣點，便成為所有飲食業者必須面臨的首要課題。

融合四方創意，碰撞難忘回味

二〇〇六年創立的「貓下去」曾是徐州路上一間地下室餐廳，二〇一六年在「貓下去敦北俱樂部」在敦北民生街角全新開幕。在汰舊換新速度極快的現代都會中，能夠屹立臺北超過十年的餐廳相當稀少，而「貓下去」始終火紅的人氣，以及一群忠實的老饕常客，讓它成為新牛代餐廳指標，被譽為是「目前最能代表臺北的一家餐廳」。

採訪約在美式餐廳教父孫大強自一九九五年營業至今的牛排館，老字號西餐廳雖然曾歷經遷址，氛圍仍舊無可取代，跨越二十五年的火候，熟成出軟嫩多汁的口感。在輕鬆對談中，孫大強希望陳陸寬能給予餐點一些建議，陳陸寬謙虛地說：「不敢不敢，都非常棒，能離開我的餐廳到其他餐廳吃飯，就是一件非常開心的事了！」

陳陸寬每天就像上班族般，兩點一線往返於住家和餐廳，可能「不是在『貓下去』，就是在前往『貓下去』的路上」，全心全意投入餐廳經營，腦中所思所想，都是關於如何讓「貓下去」更加新奇有趣的點子。

餐廳菜式從初期的改良臺式西餐、結合各國菜式的創意料理，到現今的多元家常菜，陳陸寬所販賣的並不是「美味」，而是會讓人經常突然想起、一想起便想來到餐廳品嘗的「回味」。面對各界讚譽貓下去是現今臺北最「潮」的餐廳之一，他說：「八〇、九〇年代的 TGI FRIDAYS 才是潮，最潮的人都在裡面上班！」

陳陸寬與孫大強不約而同提起湯姆克魯斯在一九八八年演出的電影《雞尾酒（Cocktail）》，片中飾演酒保的阿湯哥，正是向 TGI FRIDAYS 調酒師學習一手絢麗的花式調酒技巧。帥氣的阿湯哥在兩人心中留下深刻印象，也讓來自八〇年代的杯觥交錯，在陳陸寬腦海中深植，「貓

下去就是一間賣很多酒的餐廳。」他說。

關於餐廳與美食的可能性

「貓下去」以各種出人意表的新奇企劃聞名，從餐飲菜色到店內的裝潢布置，都在在衝擊著客人的視界與味蕾，陳陸寬說：「我們的一切都非常『折衷主義』，有點混搭、有點奇怪，但又好像還在接受範圍之內。」

「我們的一切都非常『折衷主義』，有點混搭、有點奇怪，但又好像還在接受範圍之內。」

從餐飲本科系出發的陳陸寬，玩過樂團，當過設計雜誌的編輯，然而最終仍難逃餐廳「網羅」。為了尋求「餐廳」的更多可能性，他忙於開各個合作專案的會議。陳陸寬與「永心鳳茶」餐廳執行長薛舜迪是同學，兩人經常聊該如何創造新事物、做別人沒做過的事情，新冠肺炎席捲全球、衝擊餐飲業期間，為了改善餐廳低落的業績，雙方共同合作多次售票電音派對，與誠品書店商借場地，推出以TABASCO辣醬為驚奇賣點的雞尾酒，反響熱烈到甚至在北中南巡迴。陳陸寬說自己是「沒事找事做」，因為沒有餐廳做過這樣的事情，便抱持著不虧錢就是賺錢的想法向前衝。

孫大強認為陳陸寬對於餐飲相當有創意和想法，相較之下，自己當年的成功主要是因為幸運，懂得抓緊時機與機會。陳陸寬謙稱道：「我離成功還有段距離！」

進食場所之外，餐廳的更多價值

真性情的陳陸寬直言不諱：「常有人說貓下去是『餐酒館』，我非常排斥這三個字，『餐廳』就『餐廳』，講成『餐酒館』有比較高級嗎？」可能「餐廳」二字感覺太傳統，現在年輕人不愛講餐廳，似乎也是一種時代的遺憾。

「餐廳」是陳陸寬心中無可取代的殿堂，是為了讓人們有理由相聚吃飯而存在的場所。現今人手一臺智慧型手機，餐廳經常在網路上被留下惡評，若是良性指教就有改善空間，但面對無來由的攻擊，也只能做好本分，同時為客人思索營

造更多理由相約一同吃飯。

《凹女》雜誌就是貓下去丟出的驚喜之一，畢竟誰能想得到餐廳會出一本寫女生、寫戀愛心情的雜誌呢？貓下去客層中，女性顧客占大多數，《凹女》雜誌除了形塑品牌價值，也增加與客人之間的交流管道。雜誌發行後瞬時被索取一空，強大熱度也引來許多服裝品牌詢問置入的可能性，即使商機無限，但都被陳陸寬一一回絕，因為他認為《凹女》所建立的是貓下去自身的品牌價值，而不該為其他品牌作嫁。

此外，門庭若市、一位難求的貓下去也率先取消預約制，只保留部分預約席，希望能建立餐廳與客人之間的對等關係，讓客人即使臨時起意前往貓下去，也有機會進入店中。

陳陸寬認為，貓下去不斷推陳出新的想法與點子，並不是炒作和噱頭，它的本質是餐飲、是要符合時代，當客人想找個地方約三五好友吃飯，甚至「沒地方去」時，就會想到貓下去。而不斷改變蛻變的貓下去，將會始終嶄新而充滿生命力地屹立在熟客及饕客心裡。

潮人快問快答

／陳陸寬

Q「臺北」是什麼？

A 當年不知道留在高雄要做什麼，所以來臺北找尋可以做的事。在臺北工作幾年後，覺得必須要完成多年來一直想做的事，才開了「貓下去」。臺北是個非常安全的城市，它融合出了自己的特殊語言，但近年有感覺到它太過「可愛」，應該更有個性一點。

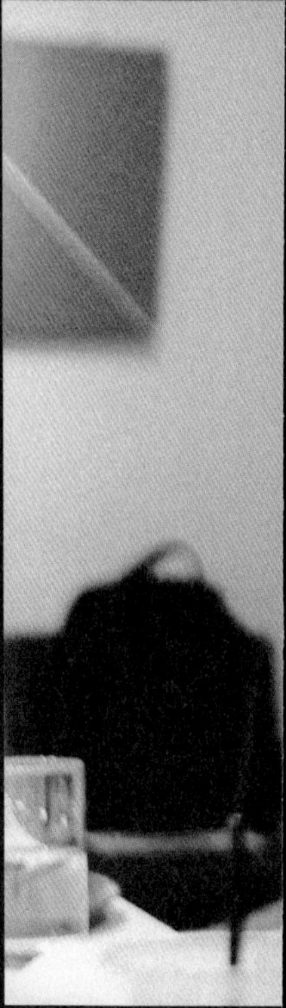

Q 「潮流」是什麼？

A

以餐廳來說，客人群聚都是
了找到前往用餐的理由，因
選擇隨著時代變多，所以理
就變得更重要，因為裝潢獨
想拍美照、口袋錢多想體驗
口味等等都是理由。但大部
經營餐廳的人沒有足夠的想
和規劃，沒辦法做原創，直
「抄」當下最紅、最有話題
的做法比較快，才會有這麼
一次性餐廳不斷開了又倒。

百貨消費☆

PART 3

HOPPING CULTURE

八〇年代「臺灣錢淹腳目」，民眾消費開始轉向「非必需品」，百貨公司成為滿足購物欲求的最佳場域，時尚、娛樂、品味格調、生活提案，無一不包。

折扣戰、精緻櫥窗、美食街、明亮專櫃……，許多我們今天熟悉的消費文化，如何在八〇年代奠定基礎？

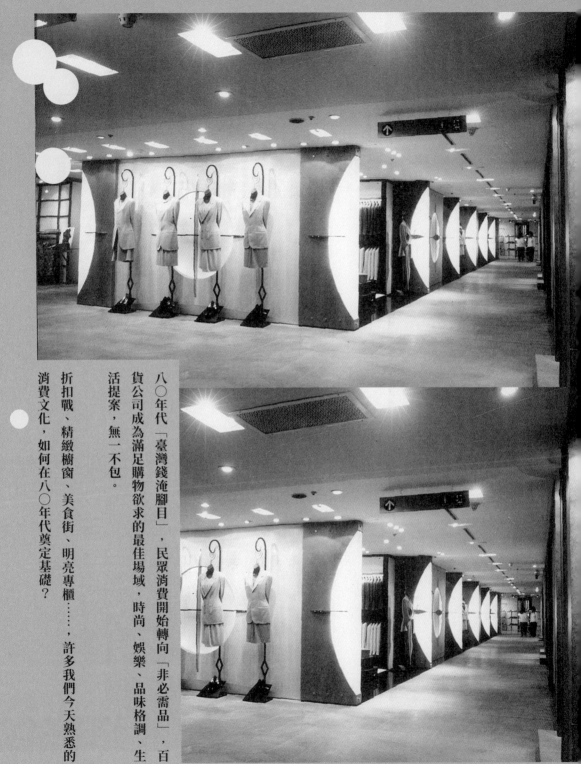

主題文章

歡迎光臨消費時代

八〇年代百貨業的崛起

文●陳韋聿

一九八九年八月三日夜裡，西門町的今日百貨發生了一場嚴重的火災。隔日的新聞時段裡，三家電視臺所播送的現場畫面，一定會讓許多觀眾都感到震撼——因為這家百貨公司從一九六八年開始營運之後，就一直是西門町的知名地標，也是許多臺北人都曾經到訪的一個場所。這場大火燒掉的，恐怕不只是建築本身，也是人們的共同記憶吧。

請記住8月8日
親一下好爸爸
百貨服飾
全面5折起

無論如何，這場災難對今日百貨無疑是一次重大打擊。之後，它雖然很快地整修復原、浴火重生，但在九〇年代末百貨商場林立的臺北市，「今日」必須面對的是捷運施工為西門町商圈帶來的交通黑暗期，以及城市的商業重心往東區移轉的現實局面。置身困境當中，它始終沒能找出突圍的辦法。顯然，蒼老的「今日」已沒有了明天。一九九七年，今日百貨終於易主，由後來在百貨業界異軍突起的誠品集團接手經營。二〇二〇年的現在，這棟已經落成逾半個世紀的百貨商場，仍舊屹立於西門町的鬧區，持續為新世代的年輕人提供潮流商品和娛樂服務。

今日百貨的頹敗，說起來只是短短數年間事。其實，大火發生的前一年，這家老字號的百貨公司，年度營收在整個臺北的百貨業界還能夠排名第三；但到了九〇年代初期，它的業績便已敬陪末座。連年衰退的結果，終於使得它必須退出市場，黯然走下舞臺。

話說回來，在八〇年代末的臺北，今日百貨的殞落，似乎也並不真的是什麼令人感傷的故事。因為同一個時代，有太多的百貨公司其實都像「今日」一樣，在人潮離開之後逐漸沉寂，最終走進歷史。與此同時，整個臺北的百貨業界，則有更多耀眼的明日之星躍上歷史舞臺，準備在市區裡的各個精華地段割據稱王。而當這座城市的居民擁有了超過一萬六千坪的「太平洋崇光」、帶有巴黎浪漫色彩的「明德春天」、以及其他各種風貌嶄新的百貨公司以後，誰還會依戀留在昨天的「今日」呢？

本質上來說，「今日」的故事，體現的就是百貨公司的當然命運——它永遠應該是人們的矚目焦點，無論如何都應

該想辦法走在時代的前端，這是它與生俱來的天職。而當一家百貨公司已經不再能夠是引領潮流的大法師，它也註定被整個社會的拜物教徒集體遺忘。

01 一九八三：百貨公司「太多了」

實際上，在臺灣的百貨公司史上，「今日」能夠經營三十年，已算是相當輝煌的成就了。相較於「今日」，還有更多壽命短暫的百貨公司都早已熄燈關門。特別在八〇年代初期，當臺北的百貨公司數量急遽成長的時候，「今日」的營收數字還是能夠技壓群雄。很長一段時間裡面，它其實只輸給另一個品牌，亦即創業時間與它差不多的遠東百貨。

八〇年代，若想要在臺北經營一家百貨公司，比起前一個十年來說，顯然是更加困難。一九八三年，《經濟日報》有一篇報導的標題就說得非常直白：「臺北的百貨公司太多了！」該文指出：當年三月，臺北的百貨公司總共有十七家。而那時全臺北市的人口僅在二三〇萬左右，平均十三．五萬人就養了一家百貨公司。相對於日本東京的情況，則是一十二家百貨公司對比一一四〇萬人口。從比例來看，臺北的百貨商場密度顯然已經太高了。

而這名記者大概不會想到，在他的報導刊出之後，百貨公司在臺北的擴張非但沒有停下腳步，進入市場的挑戰者反而持續增加。這樣的趨勢一直發展到今天，整個臺北市的百貨商場已經成長到大約三十家左右，而臺北的

當一家百貨公司已經不再能夠是引領潮流的大法師，它也註定被整個社會的拜物教徒集體遺忘。

人口數字比起一九八三年也不過增加了三十幾萬而已。與此同時，市政府後方的「信義新天地」，成為全球百貨業密度最高的地方。看來，生活在這座城市的人們，真的很熱愛百貨公司。

百貨公司為什麼會在臺北不斷擴張？八○年代的故事比較好理解。眾所皆知，那時的「臺灣錢淹腳目」，經濟快速成長的結果，民間消費的能力和欲望都不斷在膨脹。如同一些現代學者的論斷：當時的臺灣正逐步轉型為一個「消費社會」——也就是說，人們的日常消費，已不再只是為了滿足基本的生活所需，而是不斷把攢積的錢財拿去購買各種非必需品（比如那些動輒上萬塊的名牌貨），藉以滿足其他的心理欲求。

而百貨公司正是地球上提供這些奢侈品消費的最主要場所，於是在景氣大好的那些年裡，臺北的百貨公司遂湧進了大量人潮。他們尋求時尚流行、生活品質、或者一切值得花錢的理由，總之在八○年代，他們有足夠厚實的經濟基礎可以支撐這些理由，並且進一步支撐起百貨公司的營收。

若站在經營者的立場，百貨公司則是一種很好用的工具。一九八二年一月，《經濟日報》曾經做了一整個版面的專題報導，名曰「臺北百貨公司的經營奧秘」。其中一篇文章的標題開宗明義便問道：百貨公司到底賺不賺錢呢？答案是否定的。百貨業的毛利不算太高，運作這麼一個大型賣場，房租、水電、人事成本等等支出其實非常可觀，總的來說，經營百貨公司並不是一門好生意。

但是，大部分的老闆之所以願意投身百貨業，看重的其實不是百貨公司本身的利潤，而是它所能提供的金流——因為百貨公司每天都從顧客那裡收到大量

鈔票、銅板，它幾乎是銀行之外最容易收集現金的營業場所。而在百貨公司跟各家專櫃業者定期結帳之前，它可以自由決定如何調度這一大筆錢。對於經常需要用錢的企業而言，經營一家百貨公司，最大的好處就是這筆流動資金。這也是為什麼後來百貨公司的幕後老闆經常都是建設公司，因為他們在建案的開發過程當中，總是需要大量的現金周轉。

八〇年代前後，民間消費大量成長的同時，顯然也有越來越多的企業注意到經營百貨公司的這層好處，於是你會看到原來與百貨業沒有什麼淵源的財團，都紛紛進到這個市場。比如一九八〇年進入西門商圈的「力霸百貨」，一九八四年出現在東區的「統領百貨」，乃至於一九八七年蔚為話題的「太平洋崇光百貨」，幕後出資者其實都有地主財團或營造業背景。

02 一九六五以降：海派商人與臺北的現代百貨發展

要理解八〇年代臺北的百貨業發展，還是得從它的歷史開始說起。回顧臺北城裡的百貨公司史，許多人都會想起日治時期的「菊元百貨」。這棟位於今日衡陽路與博愛路口的建築物，雖然也曾一度復活，在六〇年代末搖身變成一家百貨公司，不過總的來說，現代臺灣百貨業的發展，其實與戰前的歷史沒有太大關聯。

顯然也有越來越多的企業注意到經營百貨公司的這層好處，於是你會看到原來與百貨業沒有什麼淵源的財團，都紛紛進到這個市場。

戰後的臺北，雖然有許多商店都用了「百貨」這個名字，但第一家真正具有規模的現代百貨公司，還得等到一九六五年誕生的「第一百貨」（位在今天中華路一段四十一號的「萬企大廈」）。之後，前文提到的「遠東」、「今日」等指標性的百貨公司，也在數年後相繼落成於鄰近地區。那時，整個西門町商圈因為六〇年代初便已吸引大量人流的「中華商場」，再加上這些新興的百貨公司加持，而變得更加繁盛。

值得注意的是：如果我們進一步看到「第一」、「遠東」與「今日」的幕後經營者，便會發現它們都是由戰後來臺的上海商人所創辦的。而這三家百貨最初的規劃藍圖，在一定程度上也都參考了民國時候上海百貨業的經驗。換句話說，在六〇年代末的臺北，人們若走進西門町的百貨公司，很可能會驀然發現一些舊時上海的影子。

比如「今日」曾經大手筆地打造「今日世界育樂中心」，把娛樂表演跟購物商場結合在一塊。此外，它還有一座蓋在屋頂上的遊樂場，其實也是源自老上海的設計創意。

在百貨公司頂樓乘坐雲霄飛車或旋轉木馬，也該說是屬於八〇年代的一種臺北記憶吧。

如果你曾生活在八〇年代以前的臺北，你或許也會對今日百貨頂樓的遊樂設施有些印象。這座兒童樂園一直存續到一九八九年，直到它被大火吞噬為止。試著想像你走在今天的西門町街區，抬頭仰望西門誠品的大樓屋頂，竟能看見一艘海盜船被甩出樓地板邊緣，飛翔在半空中——以前的今日百貨就是這麼幹的。

實際上，在八〇年代的臺北，還有許多百貨公司也都曾在屋頂上搞了這麼

一個屋頂遊樂園，比如一九八〇年新光集團在西門町經營的「獅子林百貨」，一九八五年東光鋼鐵在林森北路開設的「東光百貨」，都曾有類似的設計，只是經營的時間並不長久而已。某種程度上來說，在百貨公司頂樓乘坐雲霄飛車或旋轉木馬，也該說是屬於八〇年代的一種臺北記憶吧。

03 一九八〇，臺北百貨業界的折扣戰與踵繼其後的產業升級

言歸正傳，從一九六五年開始，由海派商人所開設的那些百貨公司還有一個創舉，對後來臺灣的百貨業影響至為深遠，那就是專櫃抽成制度。簡單來說：臺灣的百貨公司在賣場當中的自營項目占比通常很低，多半都是邀請廠商進駐設櫃，業者只從銷售利潤當中抽成分潤。更直白地說：百貨公司就只是個單純的二房東而已，它只需要把房子打掃乾淨，把燈光跟空調搞好，商品的買賣其實跟它沒什麼關係。

這種經營模式，對業者而言的好處當然是輕鬆，只管收錢就好。但壞處同樣顯而易見，那就是各家百貨公司的商品重複率會變得非常高，因為他們能找到的廠商差不多也就是那些。於是到了八〇年代初期，當臺北的百貨公司密度逐漸增加之後，人們驀然發現：不管是東區還是西區，分布在這些地方的百貨公司其實都沒有什麼差別，不管走進哪一家，看到的專櫃全都一模一樣。

更糟的是，當百貨業者為了爭搶客源而祭出折扣戰的時候，其他百貨業者也只能乖乖跟進——因為百貨公司的商品

折扣戰背後所體現的問題，
其實是當時臺灣百貨公司
在經營技術上的幼稚。

重複性太高了，沒有人會願意出更貴的價錢在你的店裡購買一模一樣的東西。頻繁的折扣戰在七〇、八〇年代之交的臺北百貨業界成了一種嚴重的惡性競爭，沒有人從中撈到好處，就連消費者也開始對這些商品折扣的宣傳感到疲乏。最終，百貨業界想出來的辦法是成立一個「百貨綜合小組」，統一規範每家百貨公司的折扣促銷活動，這種不斷流血削價的爭鬥才終於平息。

折扣戰背後所體現的問題，其實是當時臺灣百貨公司在經營技術上的幼稚，說穿了就是沒別招，在商業競爭上只能選擇這種原始手段。針對這點，遠東百貨的一個主管說得相當直接：現代百貨公司在臺灣的發展，歷史實在是太短了。在八〇年代初，各家百貨根本「找不出它的正確性的經營方針，大家致力於營業額的成長，所做到的僅不過是提供了商品的販賣而已」。也是在這個時期，百貨業者開始體認到整個產業必須尋求升級。而他們很快找到了學習模仿的對象：那就是日本的百貨公司。

日本的第一家現代百貨公司始於一九〇四年的「三越」（對，就是新光三越的三越），硬生生比後來臺灣的百貨產業多了一甲子的功力，加上地緣關係親近，許多老一輩的臺灣企業家也都有日本時代的教育背景，找日本人來指導是再自然不過的事。

於是乎，大約在八〇年代前後，臺灣的各家百貨公司都紛紛開始尋求與日本同業的「技術合作」。比如統領百貨找的是日本的「京王百貨」，由後者派遣顧問到臺灣來現場指導，協助培訓臺籍的經營管理人才。即便是原屬「海派」的遠東百貨，在八〇年代也跑去找了東京的「伊藤洋華堂」，據說他們砸了相

當一大筆錢，派遣了兩百個中、高階幹部到日本學習其經營方法。此外，有些百貨業者在師法日本這方面做的更徹底一點，比如一九七七年創立於南京東路上的永琦百貨，它一開始聘用的總經理，就是出身日本百貨業的日籍退休主管。

「技術合作」還只是第一步，一九八六年，臺灣政府決定開放外商投資本國的服務業，之後，諸多日本的百貨公司乾脆與本地企業合資，聯手進軍臺灣市場。一九八七年，太平洋崇光百貨以一萬六千坪賣場的王者之姿，正式降臨於忠孝東路四段。一九九一年誕生的新光三越則一舉將信義計畫區鯨吞蠶食。同樣在這個時期，新興的本土品牌明曜百貨加入了東區戰場，來自香港的先施百貨則在南京東路附近插旗。另外，還有臺北車站前的大亞百貨、選擇到內湖另闢戰場的德安生活百貨、臺法合資的明德春天百貨……，在八〇年代末到九〇年代初，整個臺北市活像是進入了百貨公司的戰國時代。而所有這些品牌性格鮮明的競爭者，也進一步為臺北的百貨業界帶來了徹底的翻轉。

04 一九八〇 vs. 二〇二〇：脈絡的承接

所以八〇年代的百貨業到底有什麼改變呢？除了賣場的大型化、品牌的個性化、東區百貨商圈的崛起與西門町的沒落等等這些明顯可視的區別之外，最具體的一項，大概是服務態度的一百八十度翻轉——這真的有很大的差別。今天在臺灣，我們對百貨公司售貨與服務人員的印象，多半都是對顧客畢恭畢敬、殷勤備至，但這絕不是百貨公司一誕生

就有的事情。事實上，在八〇年代以前，你可以在報紙上找到很多來自民間的意見投書，都在批評臺灣百貨業的服務態度。一九七八年，《民生報》的一篇報導，便直指各家百貨公司裡的職員多半以「晚娘式的服務態度，僵硬的職業笑容」著稱，而那時的百貨業者無力改變這種情況，因為根本沒有人知道怎麼進行教育訓練。

這些問題，在日本的技術顧問進場救援之後總算有了轉機。比如前文提到的永琦百貨，它們在一九八四年的做法，是把日本「東急百貨」的售貨小姐帶到賣場裡頭親身示範，直接針對第一線人員做手把手的教學。到了臺日合資開設百貨公司的時代，日籍主管更是直接出現在公司體系當中，日式企業文化對於臺灣百貨業的影響也更為徹底。到了這個時候，擺臭臉的服務員，大概也不可能繼續在百貨業裡生存下來吧。

百貨業的服務改善，也不僅只是侷限在這種態度層面的問題而已，它更是一種全面性的改革。或者應該這樣說：這個時代的百貨公司不光是在賣場等你上門，在銷售過程中提供服務而已（其實光是這個部分的創新也很值得細述。舉個例子：八〇年代中期的今日百貨曾在百貨公司裡建立托嬰室，聘請專人來照顧小孩，讓老爸老媽安心逛街）。相反的，百貨業者已懂得更主動地去服務消費者的全部生活。

具體來說，在八〇年代，百貨公司的做法是為顧客發想各種生活提案，例如為家庭主婦開設廚藝進修班，為社會大眾舉辦藝術展覽，或者提出演唱會、泳裝表演、小公主選拔賽等各種宣傳企劃，總而言之，在新的時代裡，許多百貨公司都開始學習運作所謂的PR（public

relation）活動，試圖建立與顧客之間的聯繫關係。

另一方面，百貨公司更重要的「服務」，或許還在於跟上時代脈動，為社會大眾創造商品需求。比方說，大約在一九八八年左右，各家百貨公司開始察覺到男裝的銷售額逐步攀升，於是業者紛紛開始在廣告上針對男性消費者提出訴求，遠東百貨甚至直接把它的仁愛分館改裝成前所未見的「男士百貨公司」，專做男人的生意。同一時間，百貨公司也開始注意到兒童消費市場的崛起，並且針對性地設計賣場空間或宣傳活動。凡此種種，其實都是在迎合時代需要，滿足新一代消費者的欲求。如果消費者不知道應該欲求什麼，百貨公司連答案都可以提供——某種程度上來說，這或許才是百貨公司最核心的「服務」。

說到百貨公司所「創造」的需求，最明顯的例子要屬母親節與父親節。在八〇年代初期，母親節檔期早已是百貨業年度銷售活動的重頭戲，這是因為女性本來就是百貨公司的重點客群，各種服飾或化妝品的折扣、促銷、特賣，自然都在這個時節紛紛出籠。也是因為數十年來，百貨公司透過各種媒體強力宣傳，「慶祝母親節」也逐漸在臺灣成為一種全民意識。

相形之下，父親節檔期的形成則稍晚一些，而且它甚至可能是個意外——按照一九八五年刊登在《經濟日報》上的一篇報導，當年各家百貨公司的夏季拍賣活動成績頗為糟糕，業者只好選擇在最近的一個節日再做促銷，於是有了父親節的宣傳活動。令人意外的是，以慶祝父親節為訴求的這個宣傳企劃竟然取得了相當不錯的成功。翌年八月，同樣是《經濟日報》，我們已經可以看到當

時的新聞標題寫道：「父親節漸成氣候，已成為百貨公司的重頭戲。」

05 從八〇奠基未來

還有許多我們今天仍然熟悉的百貨公司文化，都在八〇年代奠定基礎，比如街邊的商品櫥窗設計開始走向前衛風格，比如各家百貨必備的周年慶活動、地下一樓的美食街……，凡此種種，你都可以在那個時代找到這些東西的雛形或根源。

臺灣的百貨公司在八〇年代最重要的變化，是它逐漸從集合各種專櫃的商品賣場，演變成一個更為全面的休閒場所。這個時代，臺北的各家百貨業者開始引進更多的娛樂元素，使它本身所提供的體驗更為有趣多元。比如電影院、書店、餐廳、健身房、劇場、畫廊，乃至於電動間。

透過這些自我進化，百貨公司得以和越來越多本來與它無關的人建立關聯，而在「進化」這個譬喻當中，最令人嘆服的現代百貨奇觀，應該會是信義區的那一整片百貨商圈——這一整座城市的消費欲求，大概已能夠全數被它囊括於其中。而在未來，臺北城裡的百貨公司還將繼續進化成什麼樣的巨獸，繼續啃蝕你我的欲望呢？也許，連百貨公司自己也無法猜到答案吧！

潮流聚焦 FOCUS

中興百貨

真正的流行，不是群眾的歇斯底里

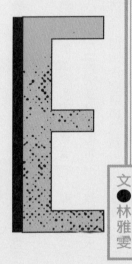

文●林雅雯

一九七〇年代，臺北市區的遠東、來來、永琦百貨，取代了臺南菊元百貨、林百貨和高雄的吉井百貨，成為臺灣百貨三大支柱。

這是臺北城欣欣向榮的開始。而在這座城市繁榮之始，東西區的盛衰更迭，就在時間洪流中反覆：起初，來來、今日百貨（後為力霸）、PARCO 巴爾可在西門町引領年輕風潮；東區則自一九八〇年代起急起直追，統領百貨（一九八四）、明曜百貨（一九八七）、太平洋 SOGO 百貨（一九八七）相繼成立，為東區商圈的形成奠定下基礎。

然而，在東區開始崛起之時，

SUNR

卻有一家不居於東區核心的百貨公司異軍突起。

位於復興北路、長安東路口的芝麻大廈，這棟占地二千逾坪的建築，從一九七八年創立的「芝麻百貨」、一九八三年更名為「興來百貨」，歷經幾番更迭，再到一九八五年由中興紡織集團接手，最終以「中興百貨」之名，屹立二十餘年。

中興並不是一家腹地特別大的百貨，即便易主後新增B館（金芝麻大廈），總占地面積來到三千五百坪，相較於當時西區的力霸百貨占地五千坪，只有三分之二大小的中興百貨，自一九八五年再出發之後，曾創下單月營業額全臺北市第一（一九八五年七月），並寫下連續四年全臺最高坪效的紀錄。

定調精緻價值，打造全臺第一座迪士尼櫥窗

中興百貨之所以能夠創造話題及紀錄，不能不談其關鍵人物——徐莉玲。徐莉玲是文化大學美術系出身，將其藝術眼光帶進百貨公司，以「精緻生活文化」作為經營理念的核心。徐莉玲首先下手的，便是百貨公司的靈魂之窗：「櫥窗」，她走遍世界各大都市，考察各類型的百貨商場，注入東方特色美學，與企劃團隊一同規劃、設計出不只是單純展示商品，而帶有文化底蘊的櫥窗，至今仍讓許多消費者津津樂道。

時任企劃部經理的蔡美慧回憶起當時籌備櫥窗主題，不僅要考量到裝潢、商品搭配的美感，同時要考慮季節、節令及社會時事，如何「創造出話題」是其中心思想。舉例來說，中興百貨的第一個聖誕櫥窗，與家喻戶曉的迪士尼（時稱「狄斯耐」）卡通人物合作，推出「精緻的聖誕狄斯耐」系列布置。

一九八九年，以「中國創意文化」為主題進行改裝的中興百貨，推出全天候的「文化櫥窗」，傳遞國內外藝文情報，甚至邀來表演工作坊演員金士傑、李立群在櫥窗內即興演出相聲。讓「逛百貨」不再只是單純的消費行為，而是結合藝術欣賞與獲取情報，更高一層次的休閒活動，並搭配藝文票券的販售，使得百貨提供的服務，擺脫「物質」而走向「精神」層面。

「櫥窗」濃縮了中興百貨對時尚的品味格調，也象徵中興想要在百貨界脫穎而出的決心，在消費者心中創造出獨一無二的形象，也創造了專屬於八〇臺北的獨特街景。

購物不是奢侈浪費，而是時尚品味

中興百貨延續母企業中興紡織的經營理念，主打時尚、精緻是它的品牌特色。先是引進歐美品牌，在當時多數百貨公司以日系品牌為主流的狀況下，開創出一條新的道路，不僅給消費者帶來新鮮的品牌選擇，也將新的時尚風格帶入臺灣。

為了方便顧客更快了解流行趨勢、穿著搭配，一九八五年中興百貨將該年度流行設計彙整成「流行告示牌」，並發出「買流行服飾，不妨先看流行告示牌」的口號。

再者，中興百貨積極成立臺灣設計服飾師品牌，即便當時本土意識尚未興起，未以「臺灣」為名，而是以「中國設計師」為號召，但不可否定的是，中興百貨有意識的建立「本土品牌」，確實為一大創舉。

一九八五年開始，中興百貨於二樓設立設計師專屬樓層「Designer Gallery」，匯集了國內外的優秀設計師作品。呂芳智、陳季敏、王陳彩霞（夏姿）、溫慶珠、潘黛莉、李冠毅等本土設計師，都是從此出發，進而開展出個人品牌。此舉既能讓臺灣設計師與國際設計師並駕齊驅，也凸顯出中興有意將本土品牌推向國際的意圖。除此之外，中興百貨每季展演服裝秀，是百貨業之先河，作為設計師展示的平臺，事實上影響了臺灣時尚產業的進化與脈動。

一九八八年，中興百貨與「意識形態」廣告公司合作，推出一連串視覺前衛、標題吸睛的廣告——無論是電視廣告還是平面視覺，開創了十餘年雙方合作的精彩歲月。每年推陳出新的廣告，主訴求不全然在於「促進消費」，更深刻的目的是展現中興百貨獨特的風格品味，以及其渴望呼籲消費者的「時尚態度」，購物不該只是盲目追求名牌、奢侈品，如一九八八年的廣告詞：「真正的流行，不是群眾的歇斯底里，而是獨特表現的個人風格及追求創意的生活態度，是內涵的外露，一種鑑賞的品味。」

從外部櫥窗帶給消費者全新的視覺體驗，乃至於專櫃品牌的引進與創新，中興百貨做出了市場差異，除了帶動顧客來店消費之外，引發的話題也屢屢獲得媒體關注。舉例來說，在一九八五年十月，中興百貨首先推出全臺灣第一套百貨公司「顧客服務電腦諮詢系統」，消費者可利用電腦查找樓層資訊、電影播映時刻、公車站牌等；而後，又大手筆投入電視CF廣告製作，替合作的八十五家專櫃品牌拍攝電視廣告；一九八六年為解決顧客購物、送貨等問題而設立「080免費服務專線」、開設「健身俱樂部」等措舉。都是開百貨業之先鋒。

在八〇年代奠定的基礎上，加上意識形態廣告的加持，使得中興百貨在九〇年代持續創造話題，一九九三年推出「祖母衣櫃復活記」喊出「一年買兩件好衣服是道德的」口號，至今令人印象深刻，也將中興推上事業高峰。

回顧一九八〇年代，從芝麻、興來到中興，再經歷重新改裝，蛻變成全新樣貌，在西區穩健、東區崛起的百貨業競爭底下，中興百貨以精緻、高品味的姿態獨領風騷，打造至今為人稱奇的「中興傳奇」。

一九八八年中興百貨的櫥窗設計

特別來賓 *Special Guest*

趙仲傑

每坪都好的百貨設計

文●陳思安

「在坪好進入臺灣以前，那時候的空間設計，就只有針對家庭空間的木工而已，對於商業空間，是完全沒有想法的。」坪好綜合設計公司的負責人趙仲傑說。

一九七七年，在日裔商人吳四寶鼓勵下，趙仲傑成立坪好設計，將日本「銷售空間規劃」的概念引進臺灣。

那時臺灣百貨還在一種「大賣場時代」，一桿又一桿的成衣，放置在狹小有限的空間裡。好一點的寄賣空間，會讓設計師有機會可以展示出自己的作品，不過，在大多數的店面中，成衣的銷售都還只是需求的買賣而已，並沒有所謂「展示」和「銷售」的概念。

坪好設計以寬敞、明亮同時減少商品陳列的展示概念出發，專程聘請日本設計師來台操刀設計，想要把原汁原味的日本質感消費帶進臺灣。雖然理想美好，不過因為是一個全新的概念，所以從規劃執行、施工建材到成效預期等等，每一個環節究竟要怎麼落實，都是一件非常辛苦的事情。除此之外，當時多數的百貨業者，不覺得「裝潢」是一件重要的事情，所以願意讓坪好設計發揮的業主其實很少，「想要做出創新和改變，從來都不是一件輕鬆簡單的事情！」這是趙仲傑在訪談時，不斷提到的一句話。過程雖然辛苦，不過，就成果上看來，坪好設計從體驗氛圍上創造的改變，後來的確成為百貨零售爭相效仿的風潮。

「我們在做的，從來都不是空間設計而已，而是一個銷售觀念普及。」趙仲傑回憶道，每一個坪好經手的案例，都是知名的經典。除了從西區紅到東區的「吸引力服飾（ATT）」與西門町國貨大樓的「上格百貨公司（COSMOS）」，一九八七年在台北

車站對面一開業就創造話題的「流行頻道（FM STATION）」，也是坪好設計從電臺的概念出發，重金打造出大型DJ臺當作門面，創造出一波新的時尚話題，後來更因為議題和形象帶起風潮，讓商場占地從二百坪擴展了整整十倍。同時，FM STATION還在地下室開設全臺灣最大的美食廣場，每一項創舉都讓FM STATION在一九八〇年代末期和PARCO巴爾可、ATT吸引力並駕齊驅，更是再次向百貨業者證明，商場空間的營造是多麼重要。

趙仲傑自豪的說，「全盛時期，全臺北市有百分之八十的店面設計是坪好完成的！」因此，要如何在眾多同類型的競爭者中，創造出新的話題，卻又同時保有他們個別的品牌特色，是一九八〇年代的坪好，不斷向外吸取資訊的主要動力。每一間坪好經手的店面，都是從

思考顧客的需求出發，讓賣場不只是商品放置的空間，而是講究消費動線與過程體驗的地方。

隨著時代推演，大型商場再也無法滿足越來越蓬勃的消費需求，新式百貨公司開始出現，然而，無論形式和規模如何變化，趙仲傑一直強調的「市場銷售觀念」，依舊主導了整個零售產業的空間規劃。就連一九八五年改裝再出發的中興百貨，也是請到坪好操刀，從中興當時強調「時尚即是生活」的概念出發，把潮流的想法和認知與日常結合，納入流動人潮、消費階層及經營功能等不同面向的資訊評估，呈現在最後的設計規劃中。

直到現在，當我們已經把明亮、寬敞視為百貨裝潢的基本標準，當我們習慣不同類型的百貨購物氛圍營造，別忘了這一切，都起源自八〇年代，有一群人對於「百貨」是什麼的夢想與實踐。

潮人現身

猴囝仔、桃太郎與巨人的戰鬥

ATT 吸引力董事長戴春發

文●胡芷嫣

即使從現在看來，戴春發和他的ATT都是一個很奇特的存在。從八〇年代西門町武昌街口第一家ATT吸引力，到今天信義一級戰區的ATT 4 Fun；從身無分文流落臺北街頭的少年，到身價百億的百貨董座，四十年來，戴春發像是殺死哥利亞的大衛，總是憑一口氣，用創意以小搏大。

戴春發

當被問起百貨經營之道，戴春發「戴董」竟悠悠地從七歲開始說起。

「我從小就要賺錢，上一天課休一天。」戴春發說。母親在花蓮鄉下開雜貨店，他七歲開始就騎著童用腳踏車，後頭拉著冰桶，沿路叫賣枝仔冰；父親賣中藥，從山上盜採樹皮原料，十幾歲的戴春發總在同學上課時間，幫父親跑到墓仔埔等杳無人煙的地方，偷偷曬樹皮。「那個有罪，我什麼都不記得，那個我記得很清楚，抓到判無期徒刑。」他回憶，某天下午，有位女子在海邊防風林上吊自殺，父親竟要他立刻把東西搬到那邊曬，因為那個地方沒有人會去。

十七歲，戴春發每天都把身分證放在口袋裡，等待機會逃跑。「我很早就想出去闖蕩了，但我爸不肯，只好用偷跑的。」終於有一天，他逮到父親外出的空檔，在雜貨店匆忙抓了廟公恰好拿來歸還的三百五十元，就奪門而出跳上門口的公車，頭也不回地坐到花蓮公車站。

「售票員問我要去宜蘭、蘇澳還是羅東，我就說隨便啦！我也搞不清楚哪裡是哪裡。」

少年戴春發，穿著牛仔褲、薄T恤，口袋藏著三百五十元，就這樣離家出走，來到了臺北。那天正好是中秋節。

那個充滿希望、機會與混亂的青春城市

戴春發要去的臺北，剛剛升格直轄市。這座城市，和這位少年一樣，正走入它最劇烈發展的二十年。

那時候的臺北，還沒有臺北橋和中正紀念堂，初名「九台街」的林森南北路剛剛打通拓寬。那時候的臺北，國父紀念館還沒完工，東區仍是一片水田竹

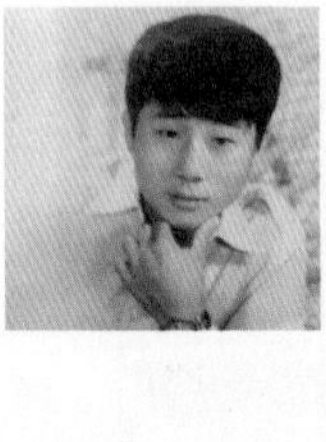

十七、十八歲的戴春發

林，忠孝東路二三段這時候才正要發展；而臺北車站，尚且是一座小小的，昭和十六年的兩層樓方正建築。

當戴春發抵達那座臺北車站時，已經是深夜十一點，他原本的計畫，是到三重投靠在鐵工廠工作的表弟。「我只知道他在『三重市中央路』的鐵工廠。南路跟北路我也沒有搞清楚，原來北路是夜市，南路才是鐵工廠。然後鄉下人傻傻的，我想說鐵工廠就只有一家，結果中央南路全部都是鐵工廠！」

那夜，他在三重中央南路和重新路的路邊，一個人迷惘地蹲了一整晚。

隔天他在中央南路上幸運地遇到表弟，卻因為父親打電話來找人，又倉皇逃出。接下來幾個月，瘦小的少年戴春發，在這個擁擠、混亂、四處是喇叭聲和大樓鷹架的新興城市中，輾轉流浪，找尋機會，有一餐沒一餐地徬徨流轉。沒有棲身之所的他，曾睡在還沒焚毀的臺北後火車站，也睡過萬華火車頭差點被管理員趕。拚命想找工作沒有門路，跑到後車站職業介紹所，他們告訴他要預收三百五十元，而他身無分文。

秋冬時分，他整整三個月沒有洗過一場熱水澡，瀕臨走投無路。

少年也曾動念，要不算了，乾脆放棄好了。他走去臺北車站，打算偷偷搭載木材的火車回蘇澳，再搭貨運卡車的便車回花蓮。

「我人在火車站，第一個想到的是會被揍，我爸一定會打我。第二個一定會被笑。」戴春發說，「想想，還是不要回去好了。」

被打的體膚之痛是一時，被嘲笑或許才是戴春發這一輩子都嚥不下去的酸澀。這個矮小瘦弱，卻倔強得跟石頭一樣的少年，決心豁出去和命運賭一把，而機

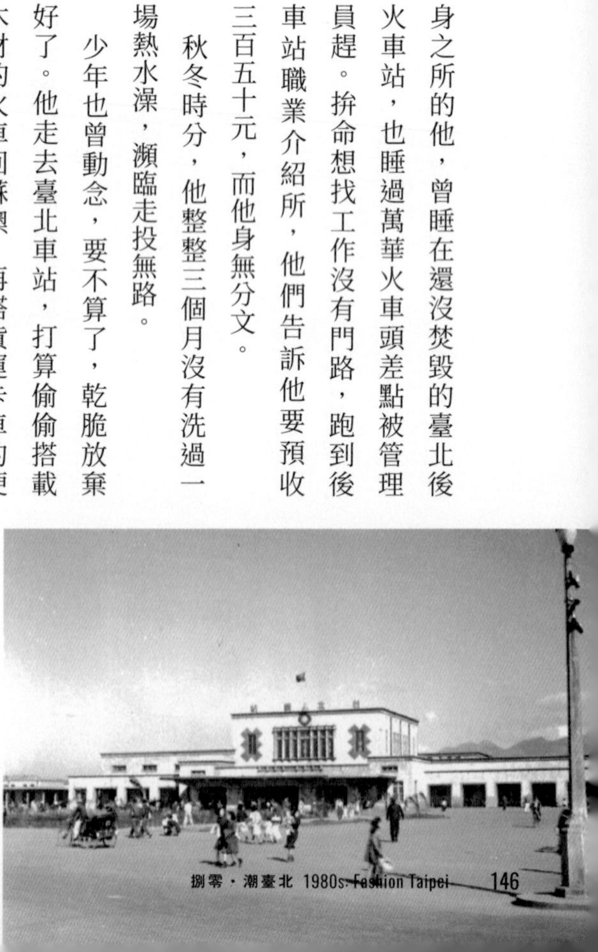

當年的臺北車站是昭和十六年的兩層樓方正建築

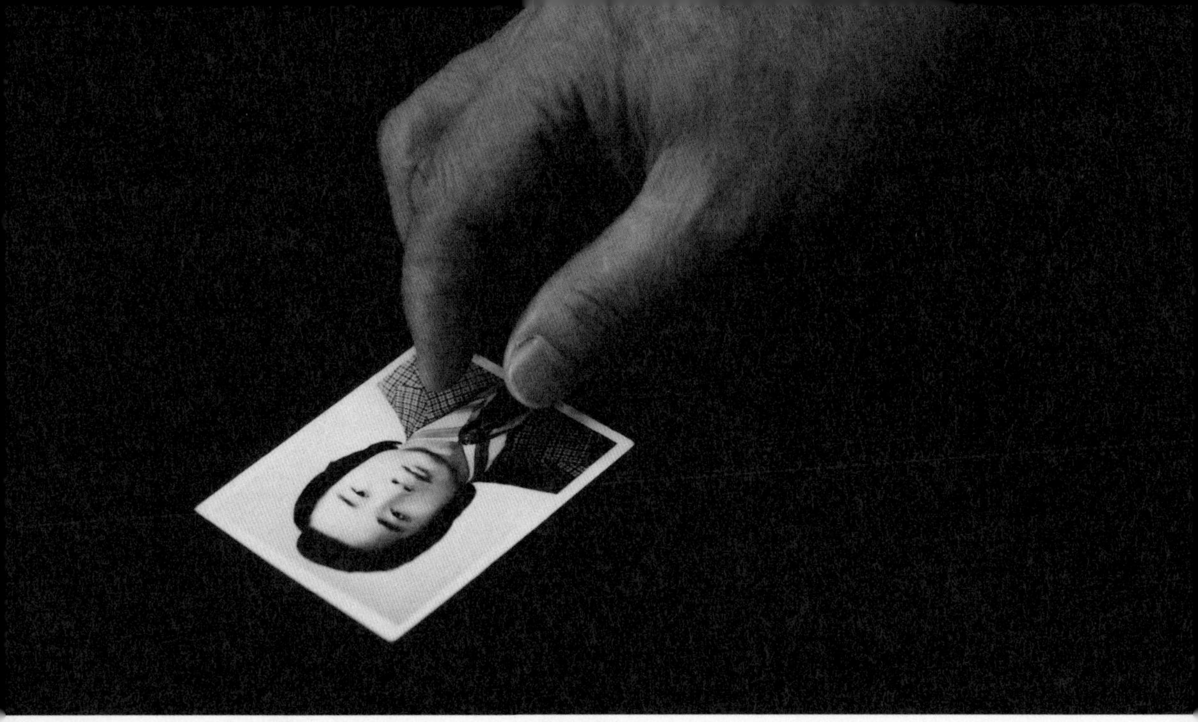

緣沒有虧待他——或者說，臺北這座城市並沒有辜負他。

不知不覺，時序接近聖誕節。天氣很冷，他身上只穿著單薄的衣服，而且已經整整三天沒吃飯了。傍晚五點，他記得那時天就要黑，他徘徊在萬華火車站前的大理街，遠遠見著一股烤香腸的白煙。

「我想說沒得吃，可以聞味道也好。」戴春發說，「他媽的，遇到救星。」

他湊近，看見有個人在香腸攤前玩十八骰仔，大贏二十一條香腸，再仔細一看，那人竟然是花蓮新城國小的同班同學——戴春發興奮地大喊他的名字，「羅仔！」

「他說：『矮仔發你怎麼會跑來這裡？』我說，不要說那個。」他指自己：「我三天沒吃了。」

他幾乎是意識不清地囫圇吞掉十九枝

香腸。「那時候香腸不像現在這樣，那時候很大支欸！我一口氣給他幹掉十九條！」戴春發想起在顛沛時遇見的救星，還是笑彎了腰。

臺北臺北，不枉少年

車站前的那條大理街，正是至今仍相當著名的萬華服飾批發街。

戰後初期，臺灣傾力發展技術門檻低、

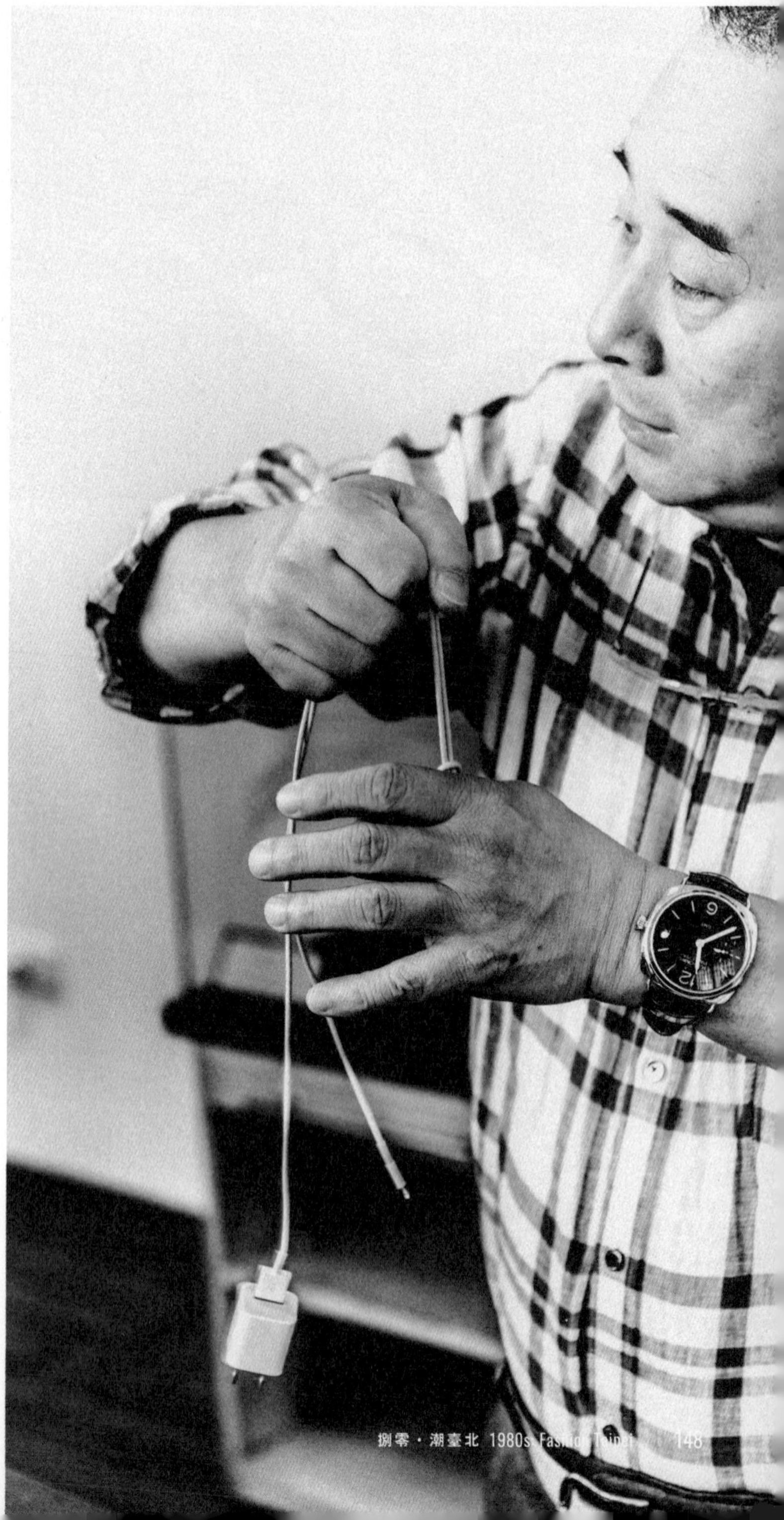

戴春發說起人生故事，手勢和表情都非常生動

勞力密集的加工產業，第一個動員扶植的，就是國內紡織業。利用美援棉花配給民間紡織廠進行「代紡代織」策略奏效，戴春發來到臺北時，臺灣紡織業不僅已經達成自給，而且開始大量外銷，一九七一年，紡織和成衣的出口份額高達全國三十八%。

那時，民間中小型紡織廠、成衣廠如雨後春筍，也帶動了街上的服飾成衣店，一間一間開設。從工廠到商店的服飾產業鏈已臻成熟，大型紡織廠如「遠東紡織」、「中興紡織」，也磨刀霍霍進行上下游整合併購，西門町第一家遠東百貨永綏店，就是這家上海紡織公司，從製造到零售的首次一條龍；日後，永綏店併入寶慶店，現在仍屹立在西門町，是臺灣現存最老的百貨公司。

十七歲的戴春發，就是在這波「成衣王國」的黃金潮流中，以大理街為起點，一腳踏入了由成衣工業帶起的臺灣百貨業。

一開始，他找到中山北路上童裝廠的工作，負責送童裝到臺北各地百貨店。每天一早他騎著三輪車出發，按表操課，輪流送貨到淡水、泰山、南勢角、甚至基隆。五六月盛夏時節，少年成天冒著烈陽騎在泥土路上，深夜回到工廠，一坐下來就流鼻血。

後來，他轉到西門町的另一間成衣工廠「諾貝爾」擔任送貨員，工作負荷是較為人性了，但他送完貨回到工廠可沒閒下來，而是主動到處幫忙，一邊做，一邊學。「學縫扣子啊，燙衣服啊，車衣服啊，學那些有的沒有的事啊。」戴春發說。「所以我在那邊待了快三年。」

然而，他在西門町學到的不只是怎麼做衣服而已。七〇年代的西門町，已是臺北青少年聚集的流行聖地，熱烈生猛，龍蛇雜處。撞球間、電玩間、歌舞廳林立，本土的臺北戲院、中華商場、到流行時尚的日本 PARCO 巴爾可百貨，甚至紅包場、摸摸茶，都一應俱全。十七八歲的戴春發在西門町生活，成天除了做衣服送貨，就是和兄弟鬼混；賁張的青春血脈，見不順眼的人就打。那時的他，身上帶著扁鑽，老是騎著偉士牌闖蕩，並不是因為偉士牌很帥，而是左右兩側的小儲物箱，一邊放一把一呎二的武士刀，剛剛好。

「幾乎每天打架。」想起荒唐青春，戴春發自己都搖頭。「我人生經歷很多啦，幸好那時候有服飾店的長輩一巴掌把我打醒，我才沒有繼續當歹囝，說起來他們也是我的貴人。」

他頓了一下，感念地說，「要是沒有這些經歷，我也不會有今天這番事業。」

從沒念書的業務之王，到白手起家創立「桃太郎」

戴春發老愛嚷嚷自己沒念書沒有文化，可他口條、邏輯和數字概念，卻比誰都還要清楚。從第一份工作的工廠地址、送貨路線，到後來跑業務一個月賣幾件衣服，乃至於創業後的營業額、結帳日，每一個細節資訊，從戴春發嘴裡說出來，像從雲端資料庫叫檔案一樣。

例如，當年沒有手機這東西，大家隨身攜帶手抄電話簿，但戴春發自承不太會寫字，光是人名就寫不出來，只好乾脆把資訊通通記在腦子裡。遇到工廠月底結算，老闆拿紙給他要他寫下每家店的業績，他回：「我袂曉寫，我唸予你。」

二十幾個銷售小姐叫什麼名字、什麼時候上班、底薪多少、一個月做多少業績……，他一個一個背出來。

再例如，他從十九歲開始，當起俗稱「外交」的成衣業務。他記得，當時一般學徒月薪是三百至四百元，業務月薪是一千八百到二千五百元元，但是戴春發一個月可以賺五、六萬元。「我當業務抽五%佣金，那時候衣服一件大概一百二到一百八十塊。」他當場出數學考題：「我一天賣幾件衣服？算嘛！」

拿出手機計算盤按一按，一天是兩百多件。「一天怎麼賣兩百件衣服？」

「我有我的秘訣。」戴春發瞇起眼睛笑。

在那個民眾還不太懂服裝搭配、店裡小姐說好看就是好看的時代，戴春發不像一般業務把衣服丟了就走，每到一間店，他都會花時間一件一件告訴銷售小姐有關這些衣服的料子、特色跟如何搭配，近乎員工訓練；離去時，他還會把店門口最顯眼的第一排展示架衣服拉下

來，換成自己銷售的衣服。

「這樣店家不會生氣嗎？」

「不會啦，她們都跟我很好。」他先是語帶玄機地呵呵笑，然後又接著說，「哎呀那時候很簡單啦，接下班、帶去吃飯，她就覺得我是男朋友了。」戴春發不但懂得打點服飾，更懂得打點人，他每天晚上都帶臺北各地百貨店的小姐去吃飯，吃可利亞韓國烤肉，也經常去現在還開著的寧夏夜市帝一沙茶火鍋。

三年間，從送貨員到外交，從製造到零售，戴春發對臺灣成衣界每一個製作細節幾乎摸透。二十歲那年，他毅然自立門戶，創立服飾品牌「桃太郎」。

戴春發市場洞察力極敏銳，手下的「桃太郎」出奇制勝，主打年輕學生族群，不僅款式新潮，而且只要市價一半。戴春發說，學徒出身的他懂裁縫，所以他親自向布商採買便宜拋售的布頭布尾，買回來自己一件一件裁剪、一件一件車，再拿去如蜜房子、比其、飛行船等臺北時尚服飾店，放在外頭的花車拍賣櫃上銷售。「學生走不進去比其那種店，但他們會在店外面買我的衣服。」

當時高級的舶來品上衣一件要價七八百元，一般成衣三四百元，而「桃太郎」強調「快、流行、便宜」，款式一模一樣，一件卻只賣顧客一兩百塊，連窮學生都買得起。「我就 copy 他們的樣子，賣的價錢是他們的對折。他們每個都很氣我、笑我年輕不會算帳，賠本賣。他們都笑我沒 sense，笑我沒水準就對了。」戴春發講到這裡，忍不住跺了下腳。

二十年後，戴春發才知道，當年他的採購銷售手法，竟然和 ZARA、H&M 等國際平價快時尚品牌的策略，一模一樣。

似乎腦裡內建 excel 表格的戴春發，向我們回顧投入成衣業第一年賺了四十萬，第二年賺了五十萬，第三年一百二十萬（他強調，那時板橋文化路房子一坪只要四千塊）。有了本錢，戴春發就投入資本擴大生產和採購規模，銷量不停翻倍，第五年，年收入已破千萬。

「那時候錢多大啊！」戴春發瞪大眼睛。在臺灣還沒有千元鈔、更沒有信用卡的年代，他身上總有超過百萬的現金。「我晚上去酒店，我就把鐵櫃打開，裡面都是錢，我一天都抽一疊一萬塊出來玩，還花不完耶。」

那一年，他二十五歲。

「恁爸就來開個有 sense 的！」第一間 ATT 誕生

接下來幾年間，戴春發的品牌拓展逾三十間店，單月業績衝到三千萬，但整個臺灣百貨界，始終不把二十幾歲的「猴囝仔」戴春發和他的平價桃太郎品牌當一回事，逮到機會就唱衰。

「『那個猴囝仔穩倒的，賣本錢，穩倒的。』我那時候年輕，才二十幾歲，他們這樣講我心裡就很賭爛。」他氣嚥不下去，起毛歹，託人空運進口一輛六百萬賓士超跑，在臺北大街小巷四界鑠奃，宛如軍火展演。

「心裡那時候是什麼感覺？」

「因為他們都笑我沒 sense 嘛，所有的服飾界都笑我沒 sense！」

沒多久，戴春發和朋友駕車途經西門町，西寧南路上剛好有一棟三角窗大樓出租，「我就跟旁邊那個眼鏡仔說，幹，這間給他租下來。」月租金兩百萬的百坪店面，他二話不說當場簽下租約。

「恁爸就開個有 sense 的給你看！」

“『那個猴囝仔穩倒的，賣本錢，穩倒的。』我那時候年輕，才二十幾歲，他們這樣講我心裡就很賭爛。

他霸氣地單腳一跺，大手一揮。

這個「有 sense」的地方，就是第一家 ATT 吸引力。三十歲的戴春發，仍像當年猶豫著要不要跳上火車的少年，為了爭一口氣證明自己，出手跟命運對賭——八二年 ATT 吸引力籌備，找來百貨界知名設計公司、日本設計師操刀裝潢，延請廣告教父做宣傳，風風光光，盛大開幕。

想不到，開幕當月，一天業績只有慘澹一、二十萬。

想要自我證明，顛倒漏大氣。戴春發操心操到腦神經衰弱，遠赴日本，表面上散心，實際上取經；一回來，他就大刀闊斧動手改造裝潢。「原來擺得太擠了，路都很小，擺得滿滿的，人要走過去都有困難。」倔強的他不顧股東反對，執意把才剛裝潢完工個把月的 ATT 吸引力打掉重練——窄小的走道拓寬，密集的展示櫃拆除，擁擠的四十個櫃位，砍到只剩下一半。仿照日本流行百貨，創造出當時臺灣本土服飾百貨還很少見的，寬敞、明亮、舒服的購物空間。

「後來那一間店，被我改裝後業績翻四倍，第二年就淨賺了一七八五萬，等於一坪做三、四十萬，破臺灣紀錄。」戴春發經營百貨最自豪的，就是他嚇人的坪效，「沒有人業績那麼高的。」

接下來的日子，ATT 吸引力成為臺灣流行消費的開端。隔年，第二家 ATT 就在當時臺北最時髦的中山北路開業，再隔一年則是指標性的忠孝東路店……，ATT 推出不同的產品系列和客群，從學生到特種行業，從上班套裝到運動休閒，ATT 貫徹戴春發個人的生命哲學，將流行融入生活各方各面，開拓消費族群各行各業。顛峰時期，全臺一共有二十幾家 ATT 吸引力。

百貨賣服飾不夠！美食餐廳樓層始祖、夜間經濟……被逼出來的

戴春發毫無疑問，向服飾界證明了這個「猴囝仔」的能耐。但沒有多久，新的挑戰又出現了——八〇年代國際一線流行品牌和時尚精品，看好 GDP 成長高達十%的臺灣消費力，紛紛進駐臺北設櫃，擠壓國內服飾品牌的生存空間，首當其衝的就是如桃太郎等一掛 local 品牌。

接下來，大型流行百貨公司，也逐步進逼威脅。中興百貨、明曜、衣蝶、甚至台日合作的太平洋崇光百貨和新光三越，一棟一棟前所未見的大型流行時尚百貨，在臺北鬧區拔地而起。

大型流行百貨善於創造話題、舉行時裝秀、祭出瘋狂折扣戰……，吸引大量人潮，而服飾品牌需要通路，自然捨棄 ATT 等小型服飾百貨，進駐大型百貨。「百貨公司一直在稀釋我的市場。」戴春發回憶，「小型的服飾專賣店撐不下去，一個一個慢慢收掉。」

往後的三十年，一棟一棟大型百貨以及背後的企業財團，像垂涎環伺的巨人，威脅著吞噬整個市場。但戴春發始終不輕易認輸，他一路都用創意見招拆招，在包圍下殺出血路。「我要做的是大企業不敢做，小企業做不到的事。」他自豪地說，ATT 的經營核心就是靈活和創意，「ATT 沒有 SOP，因為行政管理可以有 SOP，但創意是不能有 SOP 的。」

戴春發回憶，大型百貨曾禁止廠商進駐其它通路，故意讓 ATT 招不到商，正當被掐住致命咽喉時，他索性打破框架，從日本引進「麻布茶房」等餐廳，在百貨裡打造餐廳主題空間，將 ATT 的餐飲

> “我要做的是大企業不敢做，小企業做不到的事情。

占比提高到三成——二〇一九年微風南山開幕，餐飲占比四成引起同業軒然大波，但這一招，戴春發老早就出過了，就連引進 UNIQLO、GU、FOREVER 21、Bershka 等快時尚品牌，都是他在巨人威脅下使出的經營創舉。

直到網路興起，線上購物變成大多數人的首要選擇，實體店的大餅被網路商城、拍賣平台侵蝕，業績不斷萎縮，店面一間一間關。戴春發被逼到絕路，又出了奇招：他看見「體驗式消費」的可能性，超前混合服飾、餐飲和夜店不同業種，將 ATT 4 Fun 打造成一座二十四小時營業的食樂天堂，不只開創夜間經濟，還成功地從當年的流行始祖，轉型成今天的「夜店教父」。

直到現在，每天依然認真辦公

如今，ATT總公司的董事長辦公室，偌大辦公桌上，堆著好幾落待審公文。正前方牆上，掛著一幅光芒萬丈的十二條金龍畫像，左手邊一只大水缸，一尾豔麗的紅龍，神氣優游。大片落地窗看去，是居高臨下、明亮而寬闊的信義區視野。

從西門町第一家ATT到眼前的ATT 4 Fun，坐在這個位子上的戴春發，都像是大衛用彈弓突襲哥利亞（「我攏予人欺侮啦！」他拍桌怨嘆），他沒有重兵盔甲，沒有君王撐腰，他不和對手硬碰硬對抗；在巨人面前顯得渺小的牧羊人，從來都是聰明地自開戰場，但是他為了生存而做的每一個創意move，卻都帶動了臺灣百貨的潮流，甚至改變你我的生活。

「我這種人只能自己當老闆啦，因為沒有人要用我。我沒有讀書不會寫字啊，」訪談最後，六十幾歲的戴春發對我們嘆氣，「但是我每天很認真做事！像我當送貨員的時候，也很主動去學縫扣子啊！」

「我最驕傲的是，我工作從來沒被老闆罵過。」他笑著說。即使坐在這樣令人欣羨的氣派辦公間，眼前說著這些話的「戴董」，彷彿又回到了那個，從萬華青年公園，一路徒步走到中山北路，只為了面試一份工作的十七歲少年。

KE

創意與消費齊心協力，訂購一個想要的未來

「flyingV」執行長・鄭光廷

文●徐慈臨

新潮待續

To be continued...2021

一九九六年，博客來網路書店正式上網營運；二〇〇〇年，PChome線上購物商城成立；二〇〇一年，Yahoo奇摩推出拍賣服務；二〇〇六年，eBay與PChome合資成立露天拍賣，而後各品牌紛紛架設起自己的購物網站，電視購物亦伸展觸角跨足網絡。二十多年過去，電商平臺已大幅取代展示櫥窗和實體店面，從流行轉化深植日常，成為人們消費的直覺模式。相較於光鮮亮麗的百貨商場與琳瑯滿目的電商購物，「募資平臺」是現今異軍突起的新興消費模式，平臺功能不僅只於「募資」，更是行銷與購物的嶄新連結。提案者將自己的構想企畫上架到平臺，在敲擊鍵盤、點選滑鼠、觸碰螢幕中，有些人的夢想順利成真，另一部分卻止步於資金達標線之前。

臺北街頭遇見的怪人們，成為 flying V 創立的信心

一九八〇年生的鄭光廷，從小全家移民，只有假期時能飛回臺灣看阿嬤，他會跟朋友四處亂跑閒晃，到東區 SOGO 百貨溜達、到西門町看經常出沒在街頭的「怪老頭」，他們還會買各種食物帶進總督影城裡邊看電影邊吃。鄭光廷眼中的臺北，一切都很新奇好玩，路上常有人穿著難以解釋整體造型的奇怪衣服，沒有統一的風格，喜好非常多元，還有很多自我「流派」。什麼樣的音樂類型風格都有人欣賞，接受度廣泛，也非常願意嘗試新的東西。

二〇〇四年，二十四歲的鄭光廷回到臺灣，從事與科技和產業投資相關的工作，他發現許多知名品牌的名氣與品質不成正比，但群眾普遍還是以名氣為考量來做消費選擇。五年後，募資平臺「Kickstarter」在美國紐約成立，鄭光廷開始思索這樣的創業圓夢模式，如果移植到臺灣，是否同樣能成立？又該如何因地制宜？

小時候到處閒晃所遇到的怪人們，竟在此時成為鄭光廷對臺灣這片土地的莫名信心：「如果有這麼一個平臺，一定會有很多奇怪的人帶著他奇怪的構想來實現吧！」

沒有櫥窗，沒有展場：創意是買賣雙方唯一溝通橋梁

延續希望打破品牌迷思的初衷，「flyingV」成立於二〇一二年。鄭光廷曾聽過太多投資朋友說：「臺灣市場太小，沒有新的產品可投資。」而許多自認懷才不遇的創作人，則找不到賞識和金援，募資平臺正好能彌平溝通斷層，拉近投資者和提案者的距離，讓臺灣人才有機會實現他們的創造力。

但要維持這樣的運作模式，甚至更進一步、自然而然地形成買賣的邏輯，需要有足夠多的人願意嘗試，無論是提案者或是出資者，都必須共同塑造這樣的消費形式與環境。只有當出資者願意信任提案者，相信他們天馬行空的創意與計畫，才會不再以「品牌」作為優先考量。

在平臺還沒正式營運前，鄭光廷與團隊就遭受不少質疑，他自嘲道：「有個網站可以讓你放上構想，人家就會先給你錢，然後你再把東西做出來給他──這聽起來真的很像詐騙集團。」不僅來自民間的質疑聲量大，當初與政府機關也溝通了非常久，鄭光廷無奈地說：「還是只能等做出實績，別人發現沒有問題後，才會慢慢接受你。」

鼓勵大膽說、自由實驗，也保護圓夢的創作者

募資平臺承載著無數創意與夢想，但內容種類與想要傳遞的理念卻是大不相同。同時身為鄭南榕基金會的董事，鄭光廷認為：「平臺本身沒有任何立場與宗教的包袱，需要做的是『把關』而不是『審查』，我們不能限制提案者的題材，言論自由是當今社會最重要的事情之一。」

走進書店，暢銷書區經常擺著一本本「成功祕訣」，彷彿跟著定律實踐就能保證邁向成功。平臺上的產品和專案有時也會有「跟風」情況，只要一個產品成功達標，就會有許多

仿效者出現。但鄭光廷認為：「平臺的價值就是能夠有效降低投資與創業失敗的風險，提案者就算募資失敗也不會有實質損失，還能了解剖析自己的提案不受市場青睞，所以為什麼不勇於嘗試，用更多創意來找到認同自己的消費族群呢？」

即使摔倒了，站起來拍拍膝蓋繼續向前跑就好。每一位在「flyingV」上架構想的提案者，都會有專案經理在旁協助，不定期舉辦的工作坊、講座以及線上教學，則是希望提案者能夠一步步修正自己的構想，讓企劃呈現更加盡善盡美。鄭光廷說：「提案者必須了解平臺只是工具，利用平臺達成更長遠的目標，在夢想與實務之間取得平衡，才是最重要的。」

雖然提供各項協助，但難免會遇到提案者「出包」的狀況，平臺為此設了一些條例以維護消費者權益，必要時甚至會與提案者對簿公堂。「flyingV」就像是個漏斗，讓理念相近、志同道合的人們，透過平臺匯聚合作。

「flyingV」成立至今，除了各式產品，也為放克兄弟、閃靈、生祥樂隊等音樂人推出獲得金曲獎的作品；為談論中國監控現象的紀錄片《并：控制》完成了拍攝與網路公映計劃；為齊柏林導演的《看見臺灣》舉辦露天首映會；也為香港銅鑼灣書店募得在臺重啟的資金。鄭光廷說，有時平臺上架這些立場鮮明的提案，會面臨反對者的威脅和攻擊，「但我們一直是基於普世價值、言論自由與人道精神來運行，始終秉持把關專案內容，不審查立場的理念。」

臺灣味，沒有界限

二〇一五年底，「flyingV」從線上走到線下，設立全臺第一座創意實驗基地「濕地venue」，裡頭既是辦公室、展覽空間、活動場域，也是餐廳和酒吧。如此創新的場址，地點卻選在中山北路、林森北路間的「條通」——曾經是日臺高級宿舍區，七〇年代變得燈

「有個網站可以讓你放上構想，人家就會先給你錢，然後你再把東西做出來給他——這聽起來真的很像詐騙集團。」

紅酒綠，而今略顯疲態的臺北一角。

一般來說，新創產業應該不會考慮設點在這裡吧？

「年輕人不會到條通喝酒，他們會選擇到信義區夜店樓下排隊，但對我來說那是最不『臺北』的。」鄭光廷覺得臺北的「條通」保留了一種親切的獨特臺灣味，那是經過歷史更迭、時光洗禮之後才會沉澱出來的氣息。他喝了口咖啡大聲說：「但也有可能是因為我年紀大了啦！」

站穩自己堅持的步伐，鄭光廷凝視這塊認真居住了十幾年的土地，他認為臺灣的潮流與文化無法定義，因為一直持續在改變，即使這一秒有了定義，下一秒又會變動，但不論怎麼樣，臺灣都會以最大的包容力來接納，形成新的樣貌。

NIKE

潮人快問快答

／鄭光廷

Q 「臺北」是什麼？

A 跟亞洲其他城市相比，臺北很小，沒幾座摩天大樓，機車車潮保留了開發中城市的樣貌。臺北不過度擁擠又極度包容，外來者不需有任何了解，也不需花大錢，就能 have a good time，進行一場安全的冒險。

Q「潮流」是什麼？

A 是每三十年一次的輪替。現在的好萊塢電影流行將預告片搭上老歌，迸發新火花，像《龍紋身的女孩》用了齊柏林飛船一九七〇年的〈Immigrant Song〉；《神力女超人1984》則用了新秩序樂團一九八六年的〈Blue Monday '88〉。也可能是當下不合理的狀態，比如西裝刻意穿得很大件，褲管必須特別寬，或是用很多心力將髮型梳成隨興的樣子。但現在的潮流「續航力」越來越短，很多硬炒出來的話題消失得也快。

視聽娛樂☆

PART 4

USIC & TELEVISION

遙控器轉來轉去，綜藝、武俠、連續劇，無不吸引觀眾的眼球，看電視是消磨時光的最佳解方。流行音樂飄洋過海，英語、日語來者不拒，島上的人開始學唱自己的歌，本土音樂開始奠基茁壯。

這是八〇年代的視聽娛樂，從眼睛到耳朵，從外來到本土，臺灣人開始唱跳搬演自己的故事。

箱體裡的光

八〇年代的電視娛樂

文●陳韋聿

主題文章

很少有人意識到電視遙控器的發明如何改變了我們的生活風景。特別在有線電視時代，數以百計的頻道宛如漫無邊際的汪洋大海。幸而有遙控器，人們得以癱軟在假日午後的沙發上，一臺轉過一臺，在電視的海洋裡恣意迷航。

我們習慣這樣子「轉電視」，轉過數百個頻道也絲毫沒有意識到這是一種奢侈。如果時光回溯到八〇年代的臺灣，當電

視機忽然只剩下三個數目字可以切換的時候，我們究竟該怎麼「看電視」。

01 整座島嶼集體沉迷

對現代人來說，八〇年代的電視實在是很樸素的。那時，凌晨四點的電視機僅僅是一個發光的箱子，螢幕裡，只有一張單調的色彩檢驗圖陪伴著你等待天明。那些年，揹上書包趕公車的孩子總捨不得離開電視裡的晨間卡通，每晚的廣電基金時段，三臺總是聯袂播放著略嫌樣板的教化內容。綜藝節目沒有太複雜的噪響，掌聲加笑聲已是最華麗的音效。圓胖的球面電視仍裝在一只笨重的大箱子裡，二十六吋螢幕曾是市場上的頂級規格。映像管顯示器閃爍著橫向的掃描線，插卡帶的遊戲機音樂仍是八位元的chiptune……。

然而，恰恰是這樣子的電視，成為了八〇年代的臺灣人，最重要的娛樂。

只提兩個數字就好：一九八五年，臺灣家庭的彩色電視機普及率已達到九二·三一%，同年年底，華視當紅的八點檔古裝劇《一代女皇》收視率則已突破五成——換句話說，整個臺北（很遺憾的，當時這類數據的調查範圍仍限於臺北地區）有將近一半的家庭人口，都會在同一個時刻準時聚集在電視機前，癡迷地望著螢光幕裡的武則天。

《一代女皇》不是最誇張的例子。一九八二年，由中視播出的香港電視劇《楚留香》，收視率一度突破了七〇%。同一時代，其他各類型節目的收視表現，對於今天的電視產業而言，也經常是一個難以想像的數字（你知道嗎？二〇二〇年到八月為止，臺灣的電視劇單集最佳收視率是三・二％）。毫不意外的，在整個八〇年代，你只要在臺灣的報紙上看到任何針對國民休閒娛樂的統計調查，排名第一的活動，總會是「看電視」。

說得更直白一點：這是一整座島嶼的人群，集體著迷於電視機的時代。即便侷限在「老三臺」的傳統格局當中，這時期的臺灣電視產業卻能在連綿迭起的變革當中不斷進行自我改造，致使它的觀眾也在不斷更新的收視體驗裡，獲得莫大的饜足。

02 攝影棚內鏗鏘交擊，武俠戲劇掀動熱潮

什麼樣的變革呢？就拿前面提到的《楚留香》來說好了，這部港劇的輸入，不僅僅是在臺灣創下了一個神話般的收視率紀錄而已，它其實還為整個臺灣的戲劇節目製作，開啟了一個新的紀元。

邵氏公司帶起的「新派武俠」熱潮，大大改變了這武俠電影的內涵與樣貌。廣受歡迎的《楚留香》，正是其中一個深具影響的代表性作產品。

《楚留香》的備受矚目，同時意味著臺灣人對這類以「新派武俠小說」為題材的改編作品，其實有相當強烈的興趣。於是，本土的電視產業也抓準這個風向，推出了許多自製的電視武俠劇。踵繼《楚留香》之後，古龍與金庸筆下的各路好漢，遂一個接著一個從紙本書上頭縱身躍進了電視八點檔。

這是一整座島嶼的人群，集體著迷於電視機的時代。

與此同時，許多出身香港的武俠片演員（比如一九八四年因《神鵰俠侶》而走紅的潘迎紫與孟都）也趕上潮流，在臺灣的電視圈裡闖出名號。

據說這股武俠劇熱潮，也影響到了當時正在復甦的電視歌仔戲，促使劇團在選題與表演上融入更多的武俠元素。總而言之，這是英雄與俠客們大舉攻向小螢幕的時代。在電視臺的攝影棚裡，武林群俠紛紛吊上鋼絲，賣力演繹著小說家筆下的飛簷走壁。諸般兵器的鏗鏘交擊、「躍馬江湖道」的雄渾節奏，也一直迴盪在觀眾的腦海當中，標誌著關於八〇年代的電視記憶。

03 八點檔熱戰高峰，搬演悲歡離合

臺灣電視產業的生態是這樣：無論平日或假日，晚間八點的觀眾通常最多，廣告收益也最為豐厚。這個黃金時段一直都是各家電視臺的重要戰場。而為了搶奪平日八點的收視群眾，電視臺也經常投注大量資源，力圖製作出叫好又叫座的戲劇節目。

於是乎，製作品質相對完善的八點檔連續劇，便成了臺灣電視文化裡的一大特色。而事實上，這場「八點檔戰爭」的高峰就發生在八〇年代。除了前述的武俠劇之外，其他各種不同類型的電視劇，也經常能夠吸引大量觀眾，在那個時代創造出驚人的收視成績。

其中一個時常被提到的案例，是一九八三年臺視播出的《星星知我心》。這部

這場「八點檔戰爭」的高峰就發生在八〇年代。

被奉為經典的親情倫理劇，描寫了五個出身貧苦的孩子，分別被不同家庭所收養的故事。該劇的成功，也讓劇中的童星角色大受歡迎，成為廣大觀眾的矚目焦點。一時之間，各家電視臺的連續劇競相起用兒童演員，並試圖將這些童星塑造為節目賣點。這股風潮一直延續到八〇年代末，轟動一時的武俠劇《靈山神箭》也創造了一個由童星飾演的「靈芝草人」，藉以博取觀眾的歡心。

此外，同樣是締造過收視奇蹟的八點檔大戲，崛起於八〇年代後期的瓊瑤劇，也是令人印象深刻的一股潮流。從一九八六年華視播出的《幾度夕陽紅》、《庭院深深》等作品開始，各種瓊瑤小說改編的電視劇，便經常盤據在八點檔收視率的冠軍寶座上頭。這些故事裡的男女主角，多半置身於歷史與命運的無情捉弄當中，承受著種種的悲歡離合。這類著重於情緒演繹的瓊瑤劇，也讓無數觀眾從中找尋到一些關於宿命與幸福的情感共鳴。

實際上，早在臺灣的七〇年代，瓊瑤小說便曾多次被改編為所謂的「三廳式電影」，並且受到影迷的熱烈歡迎。換句話說，瓊瑤式的羅曼史，在當時的臺灣並不是很新穎的概念。但值得注意的是：後起的這股瓊瑤劇熱潮，恰恰說明了電視機在八〇年代後期的重要性逐漸攀升，致使那些苦情的男女主角在淡出電影布幕之後，也選擇來到電視八點檔當中，繼續搬演他們的生死愛戀。

04 朝聖吧！外景技術大躍進

武俠熱、童星熱、瓊瑤熱，所有這些曾經掀起流行的戲劇類型或元素，就像是某種參照座標。後來，每當人們開始追想八〇年代的臺灣電視史，也經常會討論到這些標誌性的熱潮，並勾起一些相關的回憶。

不過，如果你是一個置身於八〇年代的臺灣電視觀眾，在你的感知裡面，「看電視」這件事情與舊時代的根本差異，或許會更直接地體現在電視螢幕當中——一九七九年，彩色電視在臺灣島內的家庭普及率，其實才剛剛突破五成。也就是說：那時的臺灣人距離黑白電視的年代並沒有太遠。對他們而言，僅僅是螢幕上的一切景物忽然有了顏色，便已是莫大的視覺衝擊。

影像技術的發展，同時也使得電視節目的製作，在八〇年代以後走向了另一個階段。其中最重要的變化，是原先被應用於電視新聞、結合了攝影和錄影功能的 ENG（Electronic News Generator，通常的譯名是「電子新聞攝影機」）設備，開始被廣泛地帶入其他各類型節目的製作流程當中。

簡單來說，在ENG的時代來臨以前，電視臺要拍任何影片，仍須使用電影膠捲。然而，舊時的攝影設備極其笨重，需要沖洗顯影的膠片也無法在外景的拍攝現場即時回放。總而言之，由於這些技術限制，早期的電視節目多半還是得在攝影棚內製作大部分的內容。然而，ENG的技術打破了上述限制，「出外景」這件事變得更加容易，電視節目的製作也因此獲得了更多創意發想與實踐的空間。

這倒不是說八〇年代以前的電視臺都沒有嘗試到戶外錄影。事實上，外景鏡頭在早期的電視劇裡面仍是可見的，只是比例上來說不可能太高而已。而在戲劇之外，一九七〇年的臺視也曾找來當時剛剛嶄露頭角的歌手崔苔菁，製作了臺灣電視史上第一個外景節目《翠笛銀箏》。不過，就像同時期的其它綜藝節目一樣，《翠笛銀箏》的內容仍以歌舞表演為主。而它的外景鏡頭，其實也就是拍攝主持人前往臺灣各地，在風景名勝前面唱歌跳舞的風采而已。

而即使形式與內容都如此單純，《翠笛銀箏》把舞臺拉到戶外去的作法，仍已足夠讓當時的觀眾為之驚艷，並且創造出令人滿意的收視成績。《翠笛銀箏》的成功，說明了人們對於外景節目其實頗有一些憧憬，而電子攝影技術的發展，正好應許了這樣的願望。

八〇年代以後，臺灣的戲劇節目製作開始廣泛地運用ENG設備，外景鏡頭的比例亦隨之不斷攀升。從一九八〇年第一部完全使用電子攝影機的臺視八點檔《秋水長天》問世之後，你會發現有越來越多的戲劇節目，都喜歡在電視雜誌的宣傳文案上標舉「ENG作業」為特色。此後，電視劇裡便越來越少見到拙劣的棚內布景。大量的實景拍攝，也使得當時臺灣電視劇的畫面表現能夠更趨近電影。

頻繁出現在電視劇裡的外景鏡頭，同時帶來了一些有趣的周邊效應。比如前文提到的《星星知我心》曾在高雄美濃的一座油紙傘廠取景，據說當時美濃的製傘業早已趨於沒落，但由於這部電視劇大受歡迎，劇中的一些外景拍攝地點也吸引不少人的注意。於是，地處偏遠的美濃搖身一變，成了熱門的觀光景點，油紙傘的傳統工藝，也由於觀光客的湧入而重獲生機——這樣看來，日劇、韓劇的粉絲前往外景地點「朝聖」的現象，在臺灣其實「古已有之」。至少在三十餘年之前，這座島上的電視觀眾，便已有過類似的事情了。

自然而然的，當「出外景」的技術門檻大幅降低之後，以外景鏡頭為主軸的深度旅遊節目便也應運而生。比如華視在一九八二年推出的《天涯若比鄰》（以及其後的《放眼看天下》），便曾帶領觀眾走訪數十個海外國家，進行異文化的探索。此外，結合了益智與旅遊元素的《環球大進擊》，更是把整個地球轉化成了猜謎遊戲的舞臺。你可以想見：在那個時代的臺灣，一定有許多人都是藉由這類格局越來越宏大的外景節目，拓展了自己對於世界的認知與想像。

到了八〇年代末期，更為成熟的外景團隊，則使得《百戰百勝》這樣的大型戶外節目有了成立的基礎。透過各種精心設計的攝影鏡位，電視機前的觀眾得以在這檔節目裡獲得新奇的視覺體驗，或者從半空中俯瞰「魔王」在迷宮裡追殺獵物的過程，或者看參賽者勇闖「毒龍潭」或「桂河大橋」。一直到現在，捧紅了諸多電視主持人的《百戰百勝》，仍被譽為臺灣有史以來最成功的運動競賽節目。

相較於這些外景節目的推陳出新，八〇年代的電視攝影棚裡，也不斷變化出令人目不暇給的節目類型。舉例來說：以男女交友為主題的《我愛紅娘》，專門介紹動物的《頑皮家族》，用布偶「孫小毛」擔任主持人的《嘎嘎嗚啦啦》等，這些史無前例的類型節目，一個接著一個湧現在螢光幕裡。種種光怪陸離的電視創意，在這個時代似乎充滿了無限可能。

僅僅是螢幕上的一切景物忽然有了顏色，便已是莫大的視覺衝擊。

《環球大進擊》於韓國拍攝外景

05 綜藝來襲！

而對於八〇年代的臺灣觀眾來說，電視機裡演化得最為飽滿的娛樂內容，仍是那些擁有華麗舞臺與大樂隊伴奏的綜藝節目。迄今，許多觀眾依然記得《鑽石舞臺》的楊婆婆、《雙星報喜》的胖瘦組合、《歡樂100點》的春嬌與志明、崛起於《TV新秀爭霸戰》的小虎隊……，當然，我們不可能在這裡歷數八〇年代各個綜藝節目的名稱與特色，但若要從這個集合當中，挑選一個出較具代表性的例子，那麼一九七九年開始由華視播出的《綜藝100》，肯定不會被錯過。

在臺灣電視史上，由張小燕擔綱主持的《綜藝100》，無疑占有一個獨特位置。這檔節目開闢了臺灣第一個以流行音樂排行榜為主題的電視單元，在「金曲獎」正式誕生之前，《綜藝100》的排行榜對於眾家歌手而言是最重要的評價指標。之後，這類音樂專輯的排名榜單，逐漸成為流行娛樂的關注焦點。誕生於八〇年代末期的《金曲龍虎榜》，亦可說是承接了《綜藝100》的傳統，創造出另一檔經典節目。

此外，《綜藝100》廣受歡迎的原因，還須歸功於各種創意無限的短劇單元。比如「非廣告」將電視廣告巧妙地轉化為喜劇元素，直到今天仍是膾炙人口的經典橋段。而活躍於這些單元當中的李國修、顧寶明、李立群等一眾優秀演員，後來也都在臺灣的劇場界取得了卓越的成就。

有趣的是，從八〇年代開始，臺灣的綜藝節目主持人，似乎變得比過去更具親和力，甚至不惜裝傻扮醜也要取悅觀眾——這在過去臺灣的電視圈，並不是常見的現象。

如果我們看到一九八四年開始活躍於中視《黃金拍檔》裡的「黃金五寶」，主持人形象變化的過程便會更為鮮明。事實上，在《黃金拍檔》播出之前，中視的周末八點檔乃是由鳳飛飛主持的《飛上彩虹》。而那時的觀眾顯然不會期待形象優雅的一代歌后，會主動把自己妝扮成「七先生」或「菲菲夫人」等這一類的詼諧角色。

《綜藝100》與《黃金拍檔》，在某種程度上或許可以說明綜藝節目的根本變化。在八〇年代，這些節目逐漸從強調歌舞表演（並且通常會配備一個很能唱的主持人）的舊有形態，逐漸演化成塞滿各種創意單元的大雜燴。《綜藝100》與《黃金拍檔》都是如此，而在一九八六年由華視播出的《連環泡》，或可說是承接這一趨勢的顛峰之作。從諷刺時事的「七點新聞」到挖苦來賓的「老實樹」，從翻玩經典橋段的「中國電視史」到代言群眾心聲的「選民服務處」，《連環泡》在八年的播出期間，發想了無數的趣味單元。這些不斷更新的企劃創意，也促使節目本身獲得了源源不絕的活力。

06 電視機的魔幻時代

「錄像藝術之父」白南準曾如是說道：「有些藝術家的工作是創造一只箱子，後來的人們只是在這個箱子裡裝進更多東西而已。」而我們或許可以說：八〇年代對於臺灣的電視產業而言，確實是一個創造箱子的年代。包括這篇文章所談到的八點檔、電視劇的類型、綜藝節目的風格與調性……，臺灣電視文化的許多基礎個性，其實都奠立在這個時期。後來的電視產業只是繼續在既定的框架裡填入不一樣的材料，但若仔細一看，我們或許會發現電視產業裡的許多事情，都是八〇年代的再現而已。

然而，所有這些歷史的遺緒不一定都是好事——比如模仿與抄襲。我們知道，八〇年代出現在臺灣電視產業裡的諸多節目創意，其實有相當一部分都是模仿自外國的電視節目，特別是鄰近的日本。包括前文曾述及的《環球大進擊》、《百戰百勝》等等，在同時代的日本都可以找到原型。更有甚者，《黃金拍檔》的五人編制與內容框架，完全是直接移植日本的經典節目《8時だョ！全員集合》。所有這些襲用自外國電視節目的創意，曾經幫助臺灣發展出八〇年代綜藝節目百花齊放的榮景。然而，這個向外取經的風氣，卻也成為後來臺灣電視產業為人詬病的缺點。三十餘年過去，臺灣的綜藝節目仍舊跟隨在許多東亞國家的身後，始終未能走出自己的格局。

無論如何，八〇年代的臺灣，仍是一個電視機充滿了魔幻魅力的時代。只要按下遙控器（是的，即便只有三個頻道，遙控器在八〇年代初期的臺灣便已開始流行，並且讓當時的廣告商十分惱怒），從箱體裡放射出來的光芒，彷彿轉瞬間便能夠將無聊與寂寞收攝殆盡。而在三十餘年後的今天，人們雖然已逐漸離開了電視，將他們的注意力轉向手機，但關於無聊與寂寞的排遣，現代人所做的事情，或許與八〇年代的電視觀眾並沒有太大差別——也許，我們只是選擇了另一種丟擲時間的方式，轉向了另一個發光的箱體。

三臺之外：錄影帶與第四臺

撇開三臺節目不談，八〇年代臺灣，人們也可以透過當時流行的錄影帶，選擇各種不同的娛樂內容。在《楚留香》剛剛被引進臺灣的一九八二年，VHS 規格的錄影帶也正在臺灣掀起流行。根據統計，當年光是臺北縣市的錄影帶出租店，便已達到兩千多家。同一時間，錄放影機也開始出現在家家戶戶的電視機旁，成為客廳裡的標準配備。

「老三臺」時代，流通於市場上的拷貝錄影帶，無疑為電視觀眾開啟了另一扇窗。而且出現在這扇窗子裡的東西，經常不在政府的監管範圍之內。換句話說，人們往往可以在錄影帶店裡找到電視臺未能提供的娛樂內容，比如國內外的盜版電影，被衛道人士視為低俗的豬哥亮歌廳秀，乃至於火辣香豔的成人影片，以及這類遭到政府限制播放的香港電視劇。

除了錄影帶之外，另一個在八〇年代深具影響力的技術發展，則是迅速崛起的第四臺。顧名思義，「第四臺」指的是在無線三臺之外，由業者透過纜線傳送訊號的第四個（或更多）頻道。只要簽下合約，業者便會把電視線直接拉到你家裡去。然而說穿了，這些頻道的內容，通常也就是播放各種不同的錄影帶內容而已。在有線電視尚未開放的時代，遊走在法律邊緣的「第四臺」除了累積起龐大的收視戶，它的存在也著實豐富了螢光幕裡的娛樂內容，為觀眾創造了更多關於「看電視」的樂趣。

潮流聚焦 FOCUS

臺灣流行樂

唱出自己的歌

SIC

文●沈昆賢

在「用眼睛看的」電視娛樂之外，「用耳朵聽的」臺灣流行音樂，八〇年代也迎接另一個關鍵的轉捩點。

八〇年代以前，在大眾間流行傳唱的歌曲，大概是如〈黃昏的故鄉〉、〈舊情綿綿〉等受日本樂曲風格影響的臺語混血歌，還有如〈不了情〉、〈夜來香〉等上海風華語歌，除此之外，就是以美國為首的西洋流行音樂了——五〇年代美軍廣播網在臺開播，也帶來許多原版黑膠唱片，這些唱片和音樂流通至臺北圓山、臺中清泉崗等美軍基地周邊的酒吧、夜總會、西餐廳，在往後的日子，再流轉到了臺灣翻版唱片工廠以及本地電台，散播生根，成

POP MU

為由DJ藝名「費禮」的平鑫濤先生發明、人們口中傳頌的「熱門音樂」，獲得彼時不少新潮的臺灣年輕人擁載。

不過總體來說，當時的流行音樂圈，華語、臺語、西洋音樂各有擁護者，聽華語跟聽西洋音樂是「不同掛的」。這種多元特殊的的聆聽文化，在七〇年代終於開始鬆動——在接連不斷的外交挫敗，以及本土文化意識萌芽的情況下，受到西洋熱門音樂影響的年輕人開始創作民歌，蔡琴、鄭怡、侯德健、潘安邦等一群校園民歌手，掀起了一股「唱自己的歌」的民歌風潮。

混種黑色風格大行其道，動感樂風正蓄勢待發

邁入八〇年代，這股自我創作的能量、社會自由開放的風氣，進一步推動了臺灣流行音樂產業的發展。

彼時的音樂人，具有更強烈的創作意識，推出更多元的音樂風格。當中最具代表性的，或許就是頂著叛逆搖滾形象、憤怒唱著「臺北不是我的家」的羅大佑，以及出道初期與他合作的蘇芮。兩人在《之乎者也》與《蘇芮專輯》中的黑色形象、寫實歌詞、搖滾曲風，不只繼承了民歌時代社會批判的創作風格，前衛創新的曲風混種突破，也讓臺灣樂迷大感驚喜——例如羅大佑的曲風結合了雷鬼與放克，而蘇芮的音樂則充滿動感能量（她出道前曾是美軍俱樂部表演歌手）。

說到「動感韻律」，那個迪斯可風潮的年代，臺灣無可避免地也受到感染。本書下一部會更深入介紹這股解放身體的全球風潮，此處以樂曲創作而言，早年「版權」觀念尚未普及，許多扭腰擺臀的臺灣動感舞曲，都是直接或間接翻唱日本或歐美曲調，將歌詞填上中文，而且往往不會標誌來源，稱為「翻譯歌曲」，例如崔苔菁的〈年輕人〉便是直接翻譯自Village People的名曲〈Y. M. C. A.〉，而高凌風的〈惱人的秋風〉的曲調則是ABBA的〈Gimme! Gimme! Gimme!〉。到了開始宣傳版權意識的八〇年代中期，以動感少女形象起家的藍心湄，首張專輯仍是直接以麥可傑克森（Michael Jackson）的〈Billie Jean〉翻譯為影射當紅電影《週末夜狂熱（Saturday Night Fever）》的〈週末夜

天使〉；後來即使樂曲直接抄襲的案例趨減，唱片公司仍舊以模仿日本偶像行銷的模式來打造臺灣偶像，如楊林（模仿中森明菜）、小虎隊（模仿少年隊）、城市少女（模仿少女隊），其中城市少女更曾翻唱近年在網路上重新爆紅的荻野目洋子的〈Dancing Hero〉。

從崔苔菁與高淩風，再到熱門音樂現場表演的蘇芮、黃鶯鶯，一直到偶像歌手時期的藍心湄、城市少女、小虎隊和紅唇族，臺灣早期的動感偶像歌手，和羅大佑等搖滾歌手是不甚相同的路徑，展現了臺灣深受美式風格影響的動感流行音樂文化。

換句話說，當時的臺灣流行音樂雖然開始強調「唱自己的歌」，但一般來說，原創精神的作曲人大多集中在民歌或搖滾等曲風，而把音樂和身體結合、較為動感的流行音樂，在過去一直「習慣站著唱歌」的臺灣音樂界，本土創作力道還是稍微貧弱。這個情況，一直要到九〇初期，羅百吉、L. A. Boyz 等歌手將街舞、嘻哈舞蹈融入本土音樂，臺灣的流行樂才真正邁入「身體解放」的時代。

附帶一提，在曲風以外，八〇年代臺灣流行音樂產業的產業鏈越趨成熟。不只有越來越多夜總會駐唱歌手或民歌手轉而投入流行音樂業，後端宣傳上，也開始和大眾媒體結合。例如當時歌手出唱片，會利用電視、電臺廣告和音樂排行榜（如由民生報、ICRT、華視共同合作的《金曲龍虎榜》）做宣傳，歌手更要親自上綜藝節目玩遊戲、跳舞、演出短劇，其實是為了打歌增加曝光度。那時候除了週末派第一季以外，幾乎每一個電視節目，都有歌手棚錄音樂表演的橋段。

從熱門音樂，到自己的流行歌

八〇年代發展的流行音樂，無庸置疑，打下臺灣流行音樂版圖的基礎，直至今日仍深深影響我們的音樂體驗。而此般成就的背後，不只呈現外來音樂文化對於本土音樂人產生的深厚影響，也映照著這些音樂風格逐步在臺灣紮根、逐漸邁

向本土原創的過程。

就如所有領域的創意起源總是從「模仿」開始，熱門音樂也好，動感舞曲也好，這些曲風都是屬於臺灣聆聽歷史經驗的一部分。我們的音樂，歷經大量模仿和學習吸收，然後揉合自己的社會文化調整內化，最後生長創作出屬於自己的歌。屬於我們流行音樂的書寫，此時正要開始。

特別來賓 *Special Guest*

劉長灝

真言社，與林強、伍佰背後的男人

文●胡芷嫣

八〇年代末期，臺灣流行音樂在校園民歌時期後進入嶄新階段，青春正盛的黃金時代，誕生了許多偶像歌手：小虎隊、城市少女、紅唇族……，活力四射，載歌載舞，刮起一陣陣尖叫和追逐旋風。

但是，對劉長灝來說，「那個年代歌手是沒有『自覺』的，就是穿得漂漂亮亮，唱歌跳舞，由唱片公司主導所有事情。」

現任綠光劇團演員與表演學堂主持人，劇場人稱「大熊老師」的劉長灝，當年從傳奇性的「蘭陵劇坊」投入由倪重華創辦的唱片公司「真言社」，將戲劇表演方法與音樂結合，建立一套獨特的藝人培訓法。透過這套培訓法和獨特理念，真言社培養出一批在當時臺灣流行音樂界看來「完全就是異類」的個性搖滾、嘻哈歌手與團體，包括震鑠一整個時代的林強、伍佰、張震嶽、羅百吉與 L. A. Boyz。

我要看到，你的特質在哪裡？

劉長灝一九八八年進入真言社擔任企劃，主要工作是辦演唱會和跨年節目，有天，他錄節目到一半，老闆倪重華突然對他指著林強說，「欸，長灝，你把這個人訓練訓練，他半年後要開始做唱片。」

劉長灝一臉疑惑轉頭看向身邊，模樣非常「樸拙」的助理林強，問他，你會寫歌？林強吶吶回，就慢慢練習啊。

莫名其妙接到培訓歌手任務的劉長灝，便硬著頭皮，試著把自己在戲劇系和劇場所學全部傳授給林強，但大約過了一週，林強就抗議劇場那套對他的音樂沒有幫助，例如一首歌只有三分鐘，根本情緒剛開始培養就結束了嘛。一籌莫展的劉長灝，跑回蘭陵劇坊向金士傑求救，想不到聽完難題的金士傑倒是摩拳擦掌：「這蠻新鮮的，好！我們來發明發明！」於是接下來，劉長灝幾乎每隔一兩個晚上就會抱著一瓶酒去和金士傑等劇場人切磋討論，花了一兩個月，總算規劃出初步的歌手表演訓練法。

劉長灝把這些全新招式，用在林強身上實驗。幾個月後，想不到，這個不但會詞曲創作、會跳舞而且還大反其道唱著臺語歌的林強——這個宛如從平行時空長出來的林強——竟然一炮而紅，紅到連真言社自己都嚇了一跳。

到底是什麼武林秘笈這麼有用呢？「真言社找到了一個工作型態，讓歌手可以真正『做自己』。」劉長灝緩緩說。

八〇年代末期臺灣偶像團體，唱片公司仿照日本包裝流行藝人的模式，從取藝名、造型、路線到歌曲專輯，都由公司一手主導，藝人聽任擺布。偶像不用創作，不用唱現場，只要負責打扮得漂漂亮亮，在電視上跳著由編舞老師依照歌曲編好的舞蹈。

而當時的劉長灝厭惡這種千篇一律的模樣。他說，倪重華主理的真言社有一個原則，就是「不幫藝人決定任何事情，一切從藝人本身出發」。例如林強初試啼聲的〈向前走〉，MV在彼時剛剛新落成的臺北車站拍攝，那段造成模仿風潮的舞蹈，便是劉長灝陪著林強用一個多月慢慢摸索完成的；他作為培訓者，不干涉任何事情，只是耐心地從旁協助，幫助林強把音樂和身體合而為一，從肢體找到自己的特質和記憶點。「我跟他說，你找你身上最精采的部分給我看。比如說你很會玩手指，就玩到極致嘛！你很會抖肩膀，就讓你的肩膀成立嘛！

你覺得這樣跳很舒服，就這樣跳。你要在當中感到開心，你的身體要在音樂裡面。」

由靈魂生長出來的東西，就會震撼觀眾

要打磨出屬於每個歌手的個人特質，讓他們從中發光發熱，並不是件容易的事。不只歌手一開始都不太習慣，對劉長灝來說，更是充滿挑戰。

彼時真言社培訓伍佰，倪重華一口氣把整個團交給他。劉長灝說，伍佰那時還叫做吳俊霖，老是掛在嘴邊的一票西洋音樂和樂手，劉長灝很多都不認識；為了做好這個培訓工作，為了幫助伍佰建立起自己的風格，劉長灝知道，他必須先好好理解伍佰這個人以及整個樂團的「脈絡」——於是他每天跟著團員練

團，看著團員吵架，陪伴團員喝酒；他研究伍佰的吉他，借伍佰的唱片，最後還自己買了一套在家仔細聽。

不只如此，為了更深入了解伍佰，劉長灝還去到伍佰當時在公館蟾蜍山上的租屋處做「田野調查」。「一進去我傻了。」劉長灝回憶，從嘉義上臺北打拚的伍佰，蝸居在眷村破舊的平房內，屋內四處漏水，整個家裡亂七八糟，唯有房間保持好好的——因為裡頭除了一張床，還放著伍佰珍愛的兩把吉他，和一堆音樂唱片。「你就慢慢知道他這個人是什麼樣。」

劉長灝回憶，主打歌〈愛上別人是快樂的事〉，中間間奏較長，他曾要伍佰自己試著編舞。伍佰起初有點抗拒，「他說，蛤我要跳舞喔，我說這是屬於你的表達機會！」於是伍佰想了想，主動提議，他要三分之一跳舞，三分之二表演吉他。劉長灝不解地問，啊吉他是要表演什麼？伍佰只是神祕兮兮地說，哎你看了就知道了。

當表演開始，間奏一下，只見伍佰不慌不忙地拿起一罐啤酒，不是拿來喝，反而嘩啦嘩啦狂野地用啤酒罐刷起吉他弦——這一刷，刷出了時間也難以磨滅的伍佰經典動作，也刷出劃破臺灣音樂時代的聲音。

這是別人無法取代的動作，無法取代的個性，也是真言社旗下每一個藝人在培訓中必須找到的精神特質。「你自己發明出來的東西，你才會知道你在裡面快不快樂。」劉長灝直到現在仍篤定懇切說。當歌手站在台上，唱的是從靈魂長出來的聲音，舞動的是從體內滋生的韻律，那麼，無論帥不帥、漂不漂亮，無論唱的是臺語還是華語，聽眾都會被這股獨特而強大的力量給深深迷住。

真言社從來不做偶像歌手，只做音樂人

「我們太怪了。」劉長灝笑著嘆了一口氣，「那時候得罪了很多人。」

八〇年代電視節目大部分都有兩個橋段：遊戲和打歌，但凡藝人要上節目打歌，都得先配合玩一下遊戲，而劉長灝說，林強不願意玩遊戲，只唱歌。「你一個新人，你誰啊你？憑什麼？」外界自然出現批評的聲音。

再例如伍佰，罕見的搖滾樂團編制，必須演出live，否則魅力就施展不出來。但人家偶像歌手上節目打歌，放音樂、對嘴，十分鐘解決，伍佰表演得要有鼓、PA、吉他、喇叭……，麻煩得不得了，劉長灝必須低聲下氣向一個個大哥大姐拜託，硬是幫伍佰喬棚內現場演出。

真言社對音樂和演出的堅持，惹惱一竿子業界前輩。到後來，真言社甚至請來製作人王治平，協助訓練藝人自己學製作唱片。「這也是不得已的。」劉長灝苦笑，什麼都必須自己來，是因為沒有人想要幫「要求很多」、「很難搞」的真言社做歌和錄專輯。那時候的劉長灝做唱片帶藝人，常常白天處理工作，晚上還要進錄音室，錄到兩三點，回辦公室補眠，隔天直接再戰，媽媽還以為他成天在外面玩，睡旅館不回家。

然而，真言社這樣的堅持和原則（與爆肝），不只為聽眾帶來如林強、伍佰等煥然一新的臺語搖滾創作、臺灣第一個嘻哈團體L. A. Boyz，更帶來一個臺灣前所未有、獨一無二的音樂創作與表演的可能性——在一次又一次成功之後，大家開始慢慢理解真言社無法妥協的文化與理念，他們許多眉眉角角的演出堅持，才慢慢被音樂圈、被觀眾所接受，

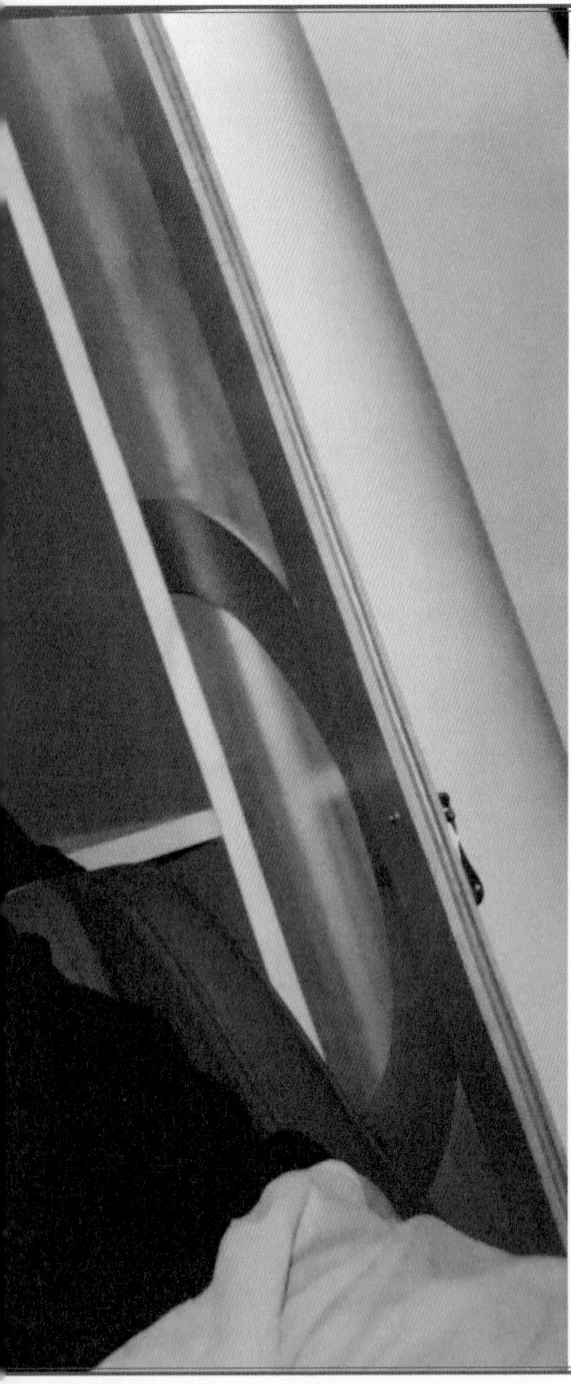

而臺灣流行音樂，也步入九〇年代的盛世起點。

「真言社的藝人，都不是在台上站著唱歌的歌手，我們要做的是全能音樂人。」劉長灝說，「這也是舞台劇的概念啊，是一個劇場工作者，不是只是演員。」從劇場跑去做唱片，從培訓歌手又回來培訓演員，說自己「對人比較有熱情」的劉長灝，如今依然在幕後，陪伴每個人從身體語言中找到自己。「你就是你，他就是他，你永遠不會、也不必變成他。是吧？」大熊老師既嚴厲又溫暖地說。

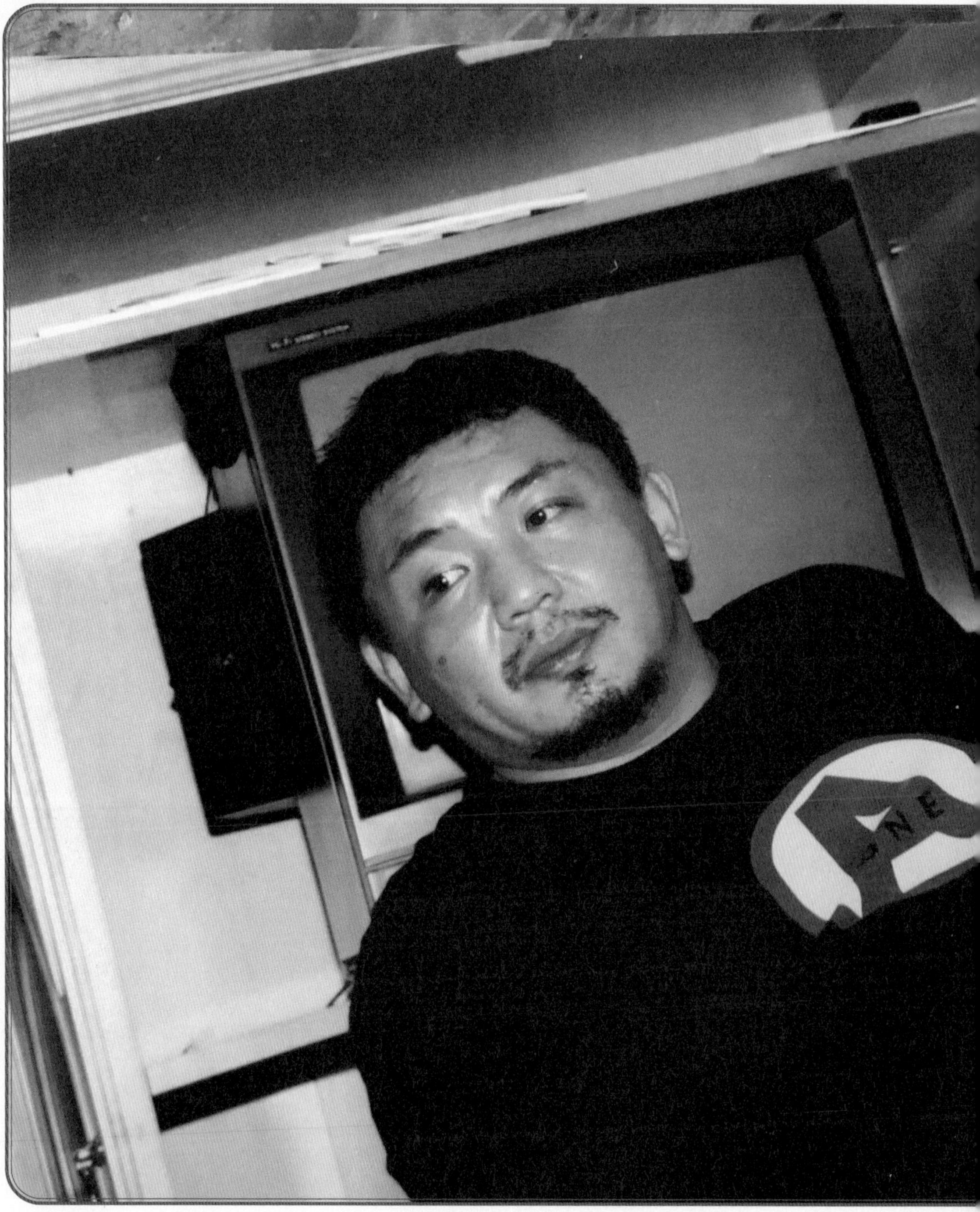

潮人現身

從電視機前走向螢光幕後

電視製作人商台玉

文●陳韋聿

參與製作《週末派》、《連環泡》、《嘎嘎嗚啦啦》等經典綜藝節目，長年隱身幕後、江湖人稱「商姐」的電視節目製作人商台玉，投身影視娛樂產業超過四十年，時間長到彷彿一輩子。第一次現身接受訪問的商台玉，一坐下就宛如打開話匣子，以一個有如還在節目製作節奏的飛快語速，為我們把臺灣電視八〇的黃金年代幕後工作人員的心血與純粹，以及這個產業的沉痾與瘋狂，一一從頭道來。

商台玉

作家南方朔曾寫道：臺灣的八〇年代是個「歷史大門被重重撞開」的時代。同一時期，這個撞門的譬喻或許也適用在商台玉身上，只是意思截然不同——那是一九八三年，她剛從大學畢業，待在臺北尋覓了半年左右，才終於在「急智歌王」張帝開設的製作公司裡得到一個撞開大門的機會，進入她嚮往已久的電視產業。

從那時開始，她在臺北的電視圈裡打滾了二、三十年，職業生涯也應和著臺灣電視產業發展的浪潮起伏。八〇年代，無線三臺把大量節目委外製作，那時她在外製公司，把自己磨練成各類型節目背後的萬能工具人。九〇年代有線電視開放，她應邀來到新成立的有線臺，帶著過去累積的技術經驗踏進這個亟待開墾的荒地。二〇〇〇年末，網路影音平台逐漸崛起，她又跨足數位媒體，在二〇一四年創辦了「娛樂重擊」網站。所關注的，仍是她投入大半輩子的影視娛樂產業。

所以八〇年代算是這個漫長路程的起點嗎？商台玉搖搖頭：這事恐怕得追溯到她的小學三年級。那是臺灣人剛開始看電視的年代，「老三臺」裡的中視、華視才準備要成立而已。也是在那時，她逐漸習慣自己上戲院，打開報紙就看影劇版，平日中午還得從學校衝回家看電視布袋戲。上了大學，這個盯著螢光幕的習慣變本加厲，她每週末起碼要看四部電影。

「那也不是說你立志要幹嘛，單純就是愛看。」最終，也是這股對影視娛樂的莫名興趣，把她帶進了電視產業，從螢幕前的狂熱觀眾，正式轉職成一個幕後工作者。

中文系捨鐵飯碗，為進電視圈不惜家庭革命

不過，在那個年代做電視節目，說起來不是什麼光耀門楣的事情，嚴重一點，甚至還得鬧上家庭革命。

「我爸爸就不准，他要我去修教育學分，我是背著他沒修。」大學選系，商台玉無法在志願表裡只填上新聞、大傳、影劇，最後去讀了政大中文。那年代，大部分的父母都希望孩子去當老師，捧個摔不破的公家飯碗。但她在畢業以後直接攤牌，請求家裡給她半年時間在臺北謀職。最終她趕在時限之前，循著報紙上的徵聘廣告，獲得電視產業的入場門票。

入行半年，她又進到「綜藝教母」葛福鴻的福隆製作公司，陸續參與了許多節目的幕後工作，包括《電視副刊》、《嘎嘎嗚啦啦》、《週末派》、《環球大進擊》、《連環泡》，每個名字，都是銘刻在臺灣電視史上的經典作品。

但在八〇年代，支撐起這些節目的，其實是一個幾乎要榨乾勞動力的產業結構。當年她進到製作公司的起薪九千，沒有勞保，健保也尚未誕生，更沒有什麼人去理會剛剛頒布的《勞基法》工時限制。她一個禮拜上班七天，就算偶有放假也滿腦子是通告與節目安排，只有過年才得空回臺中老家一趟。

平日的生活作息更是瘋狂。那時代的電視節目製作為了節省成本，經常是「通天棚」，搭一個景就從早上九點錄到隔天凌晨六點，她收工的時候別人正要出門上班。有次錄影結束，她昏昏沉沉，一腳踩上了修路工程的碎石子，摔得滿嘴是血，最後自己上醫院縫了八針，算是過度勞累帶來的職業災害。

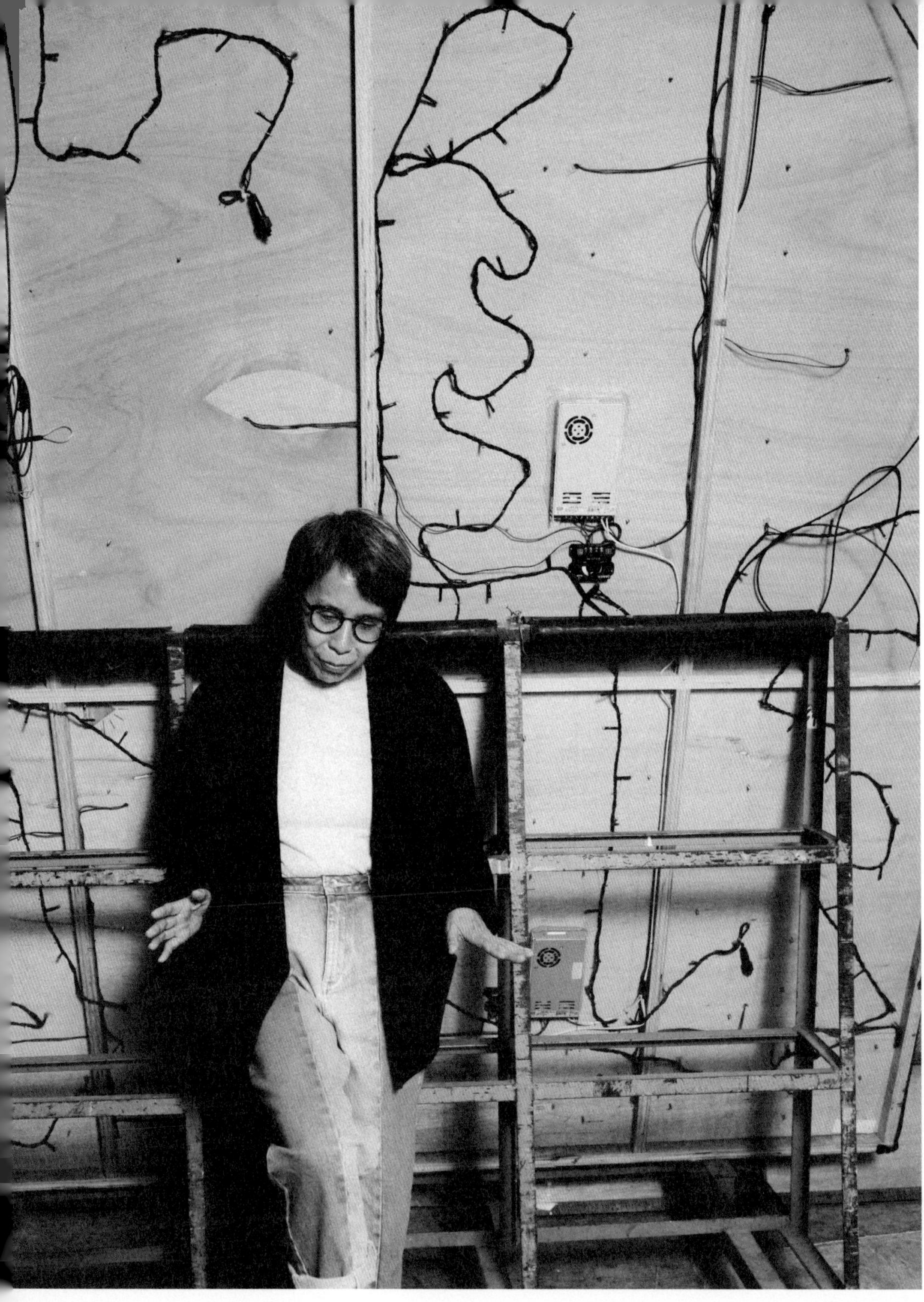

商台玉（左二）與梁朝偉（左一）當年的工作合影

對當時的電視從業人員來說，類似這樣的通宵熬夜是家常便飯。大部分節目都在趕工，腳本往往是錄影前一天的半夜才生產出來，然後劇務、美術就得拿著本子四處奔走，想辦法生出東西。而她對付這種工作壓力的辦法，是乾脆跟另一個同事搬到公司樓上，頂樓加蓋的出租房，直接省去通勤時間，睡到半夜還可以下樓給隔天出外景的攝影機電池充電，「等於二十四小時都在上班。」

入行以後，商台玉從編劇幹到執行，除了攝影機太重真的沒法扛住之外，節目製作的每個環節，她幾乎都學了些功夫。

「那個年代，我們很少有人只會做一件事，否則在這個行業也混不下去。」

攬了這麼多業務在身，她有時也不免懷疑每月領到的九千塊錢是否值得這般耗盡力氣——雖然把薪水交到她手中的

“ 那個年代，我們很少有人只會做一件事，否則在這個行業也混不下去。

公司會計本身其實也是兼差。那年代的製作公司，人人都兼了好幾個職位。

但不管怎麼說，連節目剪接竟也是她的分內工作？也太多功能了吧？她只笑笑說了另一個跑去當攝影助理的故事：某次製作單位帶著一隊人馬，突襲著名主持人陶大偉的家。她身上扛著十幾公斤的機器，頭上戴著耳機，要用有線麥克風在現場收音，一手還拿著電瓶燈，同時得顧著攝影師別撞著了桌角椅角，簡直無所不能。

工作遭扒衣，衣櫥也成道具間

八〇年代，像她這樣的大學畢業生，投身電視產業的人並不很多，待得長久的人更是少之又少。老闆只嫌她一處不好，就是穿得太過老土，於是逛街買衣服也成了她的日常功課。「後來你才明白這個行業，即便是幕後工作也像是一種表演。畢竟你要直接跟藝人打交道，你得從衣著開始說服別人。」

五年後她跳槽到開麗傳播，這次換她帶著剛入行的卜學亮去逛街。那時的綜藝節目還沒有什麼幫藝人打理造型的概念，除了特定單元的道具服，其餘都得自理。她想起一九八六年參與製作的《連環泡》，裡頭塞滿了各種短劇，得找一大堆角色服裝。劇本若寫的是古裝那還好辦，電視臺裡的道具間大抵都可應付，但各種各樣的時裝，上哪去找呢？。

一次錄短劇，主持人張小燕朝她身上端詳了兩眼，便直接把她穿的衣服借去錄影。「從此我逛街的時候就開始挑，啊，這個衣服看起來很誇張，可能會被小燕姐扒下來。」之後，每當劇務借不到合適的衣服，她就開始在腦海裡翻找自己買過的襯衫、外套或喇叭褲。那時她住的頂樓加蓋就在華視附近，走回家用不了幾分鐘，彷彿只是從攝影棚走向另一個道具間。

那時代，三家電視臺都座落在臺北東區附近，節目製作公司多半聚集於此，她的生活也大抵就在這個範圍內。不過，電視工作有時也會帶她走向全然陌生的地方。

有陣子，為了做《連環泡》的「老實樹」，她得按著地圖逐一去拜訪藝人的親朋好友，請他們錄一段VCR。因為這個單元，她把臺北市的大街小巷與地址編碼規則弄得爛熟，「我其實更好的發展應該是去當計程車司機。」她笑道。

出國才知臺灣電視技術水準通通不到位

《連環泡》之前，她參與的另一檔節

目是《環球大進擊》。主持人、製作人、攝影師連同她這個萬能助理，組成了四人小隊，飛到韓國去拍蠶室運動場。她第一次到高緯度地區出外景，驚嘆於首爾的天空竟藍得比臺北漂亮，「後來才知道是色溫的關係。」她真是徹透徹尾的電視人，看見自然美景的反應不是抒發感懷，竟然還是攝影術語。

真正讓她感到震撼的，還是一九八五年夏天的日本旅行。那年筑波舉辦萬國博覽會，她走進各個場館，像劉姥姥拜訪異星球。後來到NHK參觀攝影棚，看人家搭景簡直像是造一座小型城鎮，裡頭預藏了各種電視攝影的細節計算，包括機位的設計、鏡頭運動的方向等等，甚至連boom桿收音的動作都沒有絲毫誤差。算算那已是三十五年前，「但是一直到現在，臺灣仍然沒有一個電視臺可以做到這種程度，也不會有人去做這

樣的事情。」

電視生涯帶著商台玉看見外頭的廣大世界，但轉身回望過去，她也逐漸能夠看到這個產業內的沉痾痼疾，而且一切線索，全都隱約浮現在她過去的經驗軌跡裡面。

比如「通天棚」、萬能助理、衣櫃變成節目的道具間……，所有這些事情，其實都反映了各個技術環節的缺失。

「臺灣很少去談一件事情，就是我們針對電視技術人才的養成教育，已經是非常後期的事情，但這些教育內容又常常跟產業本身沒什麼關係。」她想起九〇年代在有線電視臺訓練大學畢業生，第一件事就要糾正他們的錯誤觀念，像是不要拿著攝影機對著燈光拍，諸如此類的基本常識。有次，一群新聞系的同學到棚內實習，她還得怒斥眾人，把這些本科系學生通通趕到機器後面——顯然沒有人教過他們在攝影棚內的基礎工作守則。

當然，九〇年代的情況特殊一點。那是有線電視頻道大量開放的時代，各家新聞臺一下子找不到那麼多記者，就從平面媒體挖角，卻沒有想過這些人不見得知道怎麼做影像。也是在同一時期，她從製作公司轉戰有線電視臺，並且在這個過程裡進一步看到技術教育的缺失。

「你去看臺灣的大學，電影、電視、新聞這些科系，都是跟著產業需求出來才大量設系，但卻找不到（面對產業的）老師。」她後來嘗試去唸研究所在職專班，課堂上讀了一堆從美國進口的傳播學理論，卻深深感覺到這些訓練其實都在培養學者，而不是在為產業培育人才。至於實務操作與技術經驗，這些大學科系卻從未建立起相應的師資體系。

「你只能找業界退休的人學他的經驗，

但只要找錯一個人（這個知識系統）就從頭錯到尾，畢竟在業界你要碰到好的燈光師、攝影師、剪接師，相對來說也是鳳毛麟角。」

最專業的基礎技術人員，卻在「鄙視鏈」最底端

忽視技術教育的情況，在八〇年代鐵定還要更糟。商台玉說，那時的電視從業人員多半把這一行看成付出勞力的「工」，而非強調技術的「藝」，是「藝」才會有人認真琢磨。她提起《嘎嘎嗚啦啦》的例子。那時製作單位找了一個復興美工的畢業生到現場來，按著劇本需要，用珍珠板、保麗龍、美術紙，幫忙製作像樣的道具——時為一九八四年，那是她印象裡面，臺灣第一次有電視節目找到專業人才來做這樣的事。

而在專門的道具製作出現以前，節目執行只能各憑本事。劇本上頭的場景說需要一個郵筒、一個公車站牌，還真的有劇務會趁著大半夜，跑到馬路上去把郵筒跟站牌直接拆回攝影棚。種種這類遺聞軼事，說起來雖然挺好笑，但背後反映的仍是技術水準的低落——如果有更多的時間或預算去訂作道具，工作人員幹嘛耗費這些力氣呢？

攝影棚內的布景也是如此。比如「通天棚」的工作安排，不僅錄影時程倉促，就連搭景、架燈也通通得在三個小時內搞定，當然很難顧好技術細節。

「所以我進攝影棚的時候永遠做最壞打算。」這是商台玉的座右銘，畢竟這個產業裡不專業的變數實在太多。你得在有限時間內錄完節目，還得應付各種突發狀況。比如主持人遲到、布景搭錯、借來的道具跟你想像的天差地遠……。

> “劇本需要一個郵筒、一個公車站牌，真的有劇務趁著大半夜，跑到馬路上去把郵筒跟站牌直接拆回攝影棚。

「所有這些東西七折八扣，你原來一百分的想法也會變成五、六十分，最後大家想的是，反正是能播就好。」兩次採訪，商台玉花了最多的時間，都在談技術基礎的不紮實如何拖垮電視產業的整體環境與生態，在她看來，這是癥結中的癥結。

更糟糕的是，技術專業在臺灣的電視圈內，並不像在歐美的產業環境那樣受到尊重。她用了「鄙視鏈」的概念，說臺灣（乃至於東方社會）的文化裡面，大家崇拜動筆的人，總是遠遠超過技術人員，於是燈光、道具、音效等等環節永遠處於鄙視鏈的底端，久而久之，也就越來越少有人願意投身於這些其實不可或缺的技術工作。再加上臺灣的電視臺老闆也不怎麼願意把資金挹注到節目製作的技術層面，自然談不上品質的提升。

「應該是各個環節的從業人員都要達到一個水準，才有辦法生產那個水準以上的內容。」在她看來，臺灣的電視產業總是在談論創意，彷彿單靠創意就可以拯救整個產業。「但你的基礎都沒救，上層建築怎麼會有救呢？」

回首八〇，自認沒有對不起電視產業

回望八〇年代，商台玉說：臺灣的電視產業在那時代的發展，其實與世界各國的歷史經驗相去不遠。它並沒有走出什麼超乎想像的格局，也沒有立下多了不起的典範。但當時的電視從業人員至少沒有對不起這個行業。「真要說有什麼做得不夠好的地方，大概就是我們為自己爭取權利的起步太慢。」

那時代，他們總習慣把感情、忠誠、創作……，這些事情擺在自身權利的前面，也不太懂得怎麼去跟老闆計較，以致於她工作了這麼長一段時間，還得想辦法補足自己的勞保年資。「這個產業還是充滿人治色彩，你感覺它應該走在時代前端，但在這些制度上面它其實還是非常傳統。」

撇除這些不談，在八〇年代的臺灣做電視，對她而言還是挺快樂的一段時光。「快樂很重要啊，不然你怎麼有辦法在那麼苦的狀況下在攝影棚待一整天。」所以會懷念嗎？「可能有一點吧……那時候，我感覺大家比較像是純粹地在做一件事。」

採訪結束前她話鋒一轉，謹慎地提醒說她能講述的故事仍有侷限，也可能存在誤解云云。不過，她的心裡也確實有許多疑惑，需要另一些人來解答。「如果是同樣走過那個時代的電視製作人或產業經營者，願意從他們的觀點來解釋這段歷史，或許會更完整吧。」

回望八〇年代以降的臺灣電視產業發

展，在商台玉的眼裡，其中許多事情都是歷史的必然，無所謂對錯，也沒什麼道理要用現在的看法來批評人們在過去所做的種種選擇。不過，故事經常是通往未來的鑰匙，也許在這個故事裡，我們會發現一些改變的契機，並且看見臺灣電視產業的下一個章節。

AIR

新潮待續

To be continued...2021

社群年代，真正的潮流就是做自己

Podcaster「百靈果」凱莉、KEN

文●徐慈臨

廣播曾經是臺灣訊息傳播與接收的主要管道，在歷經八〇年代電視崛起、輝煌，又邁入網路時代，各類型網紅拍攝短片爭奇鬥豔、展現自我，許多影視名人也紛紛轉往 YouTube 製作節目另闢蹊徑。當大眾習慣了視覺刺激，保有收聽廣播習慣的聽眾越來越少，然而，在這個新時代，Podcast 卻異軍突起，成為通勤、工作、休閒時聽覺娛樂的熱門新選擇。

聽覺的群雄割據時代

長踞各大串流平台Podcast排行榜前幾名的「百靈果」，由Ken與凱莉組成。為什麼這麼多人喜歡百靈果？獲得的答案不外乎「可以知道許多國際時事」、「聽得到不同的觀點」、「選題很有趣」，而且「笑聲很好笑」，即使日子過得再苦悶，國際趨勢再令人焦慮，聽著一陣陣狂放的笑聲彷彿就能洗滌心靈、忘卻俗世煩憂。

雖然廣受歡迎，但兩人說自己的言談不僅充滿年齡歧視，戴著耳罩式耳機也是為了追求談話時的專業帥感。進軍Podcast已兩年的他們認為臺灣的Podcast正是群雄割據的狀態，「我們才剛開始，現在還被唐綺陽踩在腳底下。」一直言不諱要與「國師」競爭。實際上星座專家唐綺陽非常喜歡他們，在訪談過後沒多久就成為了百靈果「The KK Show」的座上嘉賓。

大家越來越「假」的社群媒體中，說出真實想法越來越重要。Podcast就是個很特別的平臺，不管題材再小眾都可以找到節目來收聽，這是現代人需要學習的生活方式。

不知道世界發生什麼事太危險

二〇一四年的太陽花學運對兩人產生了很大的影響，Ken當時剛從中國讀完商學院回到臺灣，「因為沒朋友嘛，所以就自己走上街頭。」他與身旁的年輕人聊天，驚覺大家所理解的中國與自己的認知完全不同，對於兩岸關係也知道得很表面，更不清楚國際情勢，他覺得這樣很「危險」，無論是親中、反中或其他政治立場，都應該先了解臺灣的國際定位後再做選擇，Ken因此決定要做一些與國際新聞議題相關的東西。

節目選題是時事新聞，在網路上被攻擊是家常便飯。舉例來說，二〇二〇美國大選前，百靈果分析兩位候選人的政見，希望聽眾能夠了解雙方立場，卻被焦慮選戰結果的民眾罵道：「你們這些在國外生活的人憑什麼對臺灣指指點點！你們這兩個拿外國護照的人不懂臺灣人在想什麼！你們沒資格！」Ken以滑稽的音調模仿完，有些無奈地說：「但我們現在也住臺灣啊。」凱莉補充到，百靈果最常被罵的一句話就是：「講這麼嚴重的事情，你們居然嘻嘻哈哈！」

不管談什麼，一定要好玩！

百靈果一直以來都想做好玩的、有議題性的內容，為了吸引目光、增加討論熱度，「好玩」是最直接的方式。一開始兩人嘗試在YouTube拍攝短片、教英文、街訪、談政治，看到國外新奇有趣的事物，就想要介紹給臺灣觀眾。後來之所以開始錄製Podcast，是因為遇到伯樂——中臺灣全國廣播主持人小潘。「他看到有兩個人在分享國際議題，卻做得很爛，沒什麼人要看，可能覺得我們是璞玉吧。」起初他們受邀擔任小潘的節目嘉賓，後來擁有了百靈果自己的節目，也取得同意，將廣播節目錄音放上自己的Podcast頻道。

百靈果從未將自身定位為

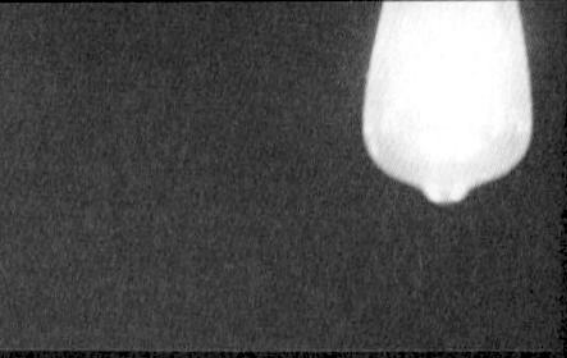

廣播節目，因為沒有受過專業播音訓練，「而且我們咬字都滿差，就在臺北錄自己的，臺中人覺得內容好不好、有沒有打電話去電臺抱怨，我們都不知道。這是很『網路』的做法吧！」

問及是否曾覺得哪一期內容很有趣，播出前覺得聽眾一定會喜歡，卻沒有獲得相應的收聽率？兩人一陣大笑說：「前四年的每一個題材吧！我們一直覺得自己很棒、很有趣、都會中，但沒有一個中啊！啊哈哈哈——」收聽率始終低落，直到二〇二〇年初，百靈果的聲音與精神才逐漸被越來越多人「聽見」，衝進排行榜前端。

以真誠有感情的聲音讓大家開心

即使初期沒有獲得廣泛支持，凱莉認為最重要的還是"Be yourself, be true." 如果真正在乎收聽人氣，百靈果當初就不會選擇以國際新聞為主力，而是觀察市場趨勢、努力向大眾喜好靠攏，但他們選擇繼續做對的事情，做自己、做「爽」。Ken 補了一刀：「不然我們應該去找美國的行車紀錄器。」

沒有畫面、表情，以及浮誇的特效字，只能以聲音與聽眾對話，但聲音騙不了人，所以必須把真心和感情都投注進麥克風。即使兩人原本很疲累，但只要錄完節目心情就會變好，所以也想將這樣的能量傳達給聽眾。以真心換真心，聽眾也會回饋感想，無論是在家照護家人、在國外奮鬥努力、因應疫情居家隔離，只要聽了百靈果的節目，就能把陰鬱的心情一掃而空。凱莉說：「讓我覺得自己做的事情有意義。」

聽完百靈果的節目，除了吸收時事議題、擁有自我思考的機會，Ken 和凱莉更希望聽眾都能 have a great day，「雖然國際議題很重要，臺灣定位很重要，但什麼都比不上讓自己開開心心過好今天更重要！」

潮人快問快答

／凱莉 & Ken

Q

「臺北」是什麼？

A

Ken：臺北是個有文化的地方，但一直以來都沒被重視，直到近年開始發光，慢慢看見過往歷史。以前覺得臺北高級又不可侵犯，出國回來後發現它在黃金地段居然有很破舊的

房子，而且房價比紐約還貴，這可能就是臺北的浪漫吧。聞到摩托車排氣的味道，才覺得回到家了，全世界有這個味道的地方很少耶！

凱莉：以前覺得所有事物都繞著臺北轉，其他鄉鎮的人都嚮往臺北，長大後才發現不是這麼一回事哈哈哈！我在臺北成長、念書，就算機車很多、一天到晚塞車、很潮濕，它沒有特別好，也沒有特別不好，就是家。出國念書後才知道，即使國外的景色再美，對我來說那都不是家，原來臺北的車水馬龍很可愛，是個可以在一小時內上山、泡溫泉、去海邊的方便城市，算它不好，我們也

能努力讓它變好，研究城市過去的故事之後，每個小巷弄都會變得有趣，對我來說那才是有感情的。而且臺北安全到有點「扯」，全世界有很多大城市你是不能邊走邊拿 iPhone 出來導航的，只能選擇迷路！

Ken：何況是去小吃店吃麵時把錢包跟手機同時拿出來放在桌上！在西班牙做這件事下一秒就兩樣都不見了！

Q 「潮流」是什麼？

A 我們從小都可算是特立獨行，不太追逐潮流。在社群媒體中，

做自己其實很重要，大家逐漸變得越來越「假」，照片一定要拍得很美、要修圖，會自我審查、許多話不敢直說。所以重要的其實是真正的想法，不用管是否會被討厭、夠不夠中立，無論接不接受彼此的意見，都能共同討論。網路時代大家都可以找到自己的同溫層，所以更不應該追逐潮流。像Podcast就是個很特別的平臺，不管喜歡的題材再小眾，都可以在國內外找到節目來收聽，這反而才是現代人需要學習的生活方式。

但我們最近又邀請唐老師上節目，啊果然還是在追逐潮流哈哈哈——。

夜貓出沒☆

PART 5

T ENTERTAINMENT

跳吧！喝吧！在繁華的不夜城臺北，總有一群夜貓子流連於夜色，在燈紅酒綠中享受酒精、伸展舞步，這樣的狂熱血液已在臺北流淌四十年。

八〇年代，迪斯可在臺灣掀起熱潮，走在時代尖端的男男女女們在舞池裡消耗豐沛的體力與青春，跳舞不僅解放了身體，也釋放了心靈，徹夜狂歡就是八〇臺北的「最潮娛樂」。

NIG

夜貓與牠們的產地

八〇年代夜臺北

文●賴彥甫、喀飛

主題文章

當今臺北，「夜貓族」是再平凡不過的夜行動物，其頻繁程度，大概和白天看到的麻雀差不多。暗夜中點綴街巷的便利商店，又或者二十四小時不停歇的美式速食店，都是他們的絕佳棲地；而有些比較ㄎㄧㄤ的，則可能現身於酒吧、夜店中。

八〇年代臺灣經歷了劇烈的社會轉型，也同樣改變了「酒吧（bar）」這種娛樂消費空間，

打開了臺北這座不夜城的絢爛光華。若要追溯臺北夜貓的身世，瞭解他們之所以迷戀深夜的原因，我們得回到八○年代的臺北夜生活一探究竟。

01 賺錢花錢，臺北徹夜未眠

在臺灣，說到酒吧的歷史，就會想到那些五○年代派駐臺灣的美國大兵，基本上，哪裡有美軍，哪裡就有酒吧；美國流行文化如搖滾樂和造成全球旋風的迪斯可，初期都是透過這個空間，在臺傳播生根。六、七○年代時，因美軍的「R&R 復原休息計畫」，酒吧在臺灣如雨後春筍般出現。而臺北的酒吧照顧天母、士林一帶的駐守美軍，所以早期多集中於中山北路段，並且往外延伸至重要的交通節點，如臺北車站周遭。

當時的酒吧，是有「吧女」陪侍的地方，再加上內部昏暗，所以往往被認為有礙社會風化，除此之外，上酒吧消費，在「戰時社會」看起來是件奢侈的事。基於這些原因，在酒吧興盛的同時期，政府便設下諸多限制，例如開徵許可年費、管制營業執照、營業時間等，壓制酒吧的發展。也因此，早期的酒吧，常讓人聯想到菁英、外國甚至某些邊緣群體如黑幫等形象。

一九八○年，臺灣人的人均收入是一九七○年的六倍，雖然總體經濟傲人，但在股市、六合彩沸騰又大起大落的「賭場民國」，時運可能比努力工作賺錢來得重要，縱情享樂成為彼時許多人生活的首要選擇。另一方面，中美斷交之後，酒吧開始和其他消費空間共生，採分時

段混搭營業，例如本書後面會提到的黛安娜餐廳，過了某個時段之後，便搖身成為大跳迪斯可的地方。雖然午夜以前就得打烊，但那時的酒吧、舞廳仍吸引不少酒客舞客流連，是臺北片刻夜生活的主要場景。

除此之外，當時的臺灣社會要求更自由、開放、民主化，這樣的趨勢也改變了臺北夜生活的生態。尤其是解嚴後，順應人們因經濟繁榮而來的休閒娛樂需求，政府逐步放寬酒吧、夜總會、舞廳等特種營業空間限制。臺北市內，被劃定為一般營業的空間如餐廳、酒店、MTV、柏青哥等空間已經可以通宵經營，而被劃定為特種營業的酒吧，則可以開到凌晨兩點。

雖然當時酒吧等特種空間如何放寬經營在政策上仍有議論，但顯然的，臺北夜生活的管制已經相對寬鬆——換句話

酒吧（bar）、夜總會（night club）與英式酒吧（pub）

當我們提到酒吧時，有時會夾雜著對飯店夜總會和英式酒吧的想像。這是因為八〇年代的酒吧，呼應迪斯可風潮，多半附有舞池，形成可跳舞、可飲酒的混雜娛樂空間，所以，即使酒吧和夜總會空間設計和文化脈絡截然不同，但它們的功能性卻有七、八分像。而約莫在八〇年代末興起的英式酒吧，和美式酒吧的主要差別在於有無常駐樂團演唱，基本上從顧客的角度來說，三者所提供的娛樂項目沒什麼區別。

在股市、六合彩沸騰又大起大落的「賭場民國」，時運可能比努力工作賺錢來得重要，縱情享樂成為彼時許多人生活的首要選擇。

說，八〇年代中期後，要在臺北深夜遊蕩、徹夜玩樂，已經不再是禁忌了。

02

我們的王國裡，只有黑夜

在那個沒有手機、沒有網路、也沒有同志團體的年代，那個相對封閉的年代，某些性別身分如同志，也常以「夜貓」的姿態，在黑暗中現身。

一九八三年推出單行本、一九八六年改編搬上大銀幕的《孽子》中，寫道：「在我們的王國裡，只有黑夜，沒有白天。」白先勇筆下的王國寫的是新公園（今天的二二八和平公園），但事實上，對於七、八〇年代臺北市的男同志——當時被稱作「男同性戀」——來說，除了公園之外，酒吧也是一片天。

為什麼是酒吧？公園雖然沒有門檻、無須消費，任何人都可以前往，但是在那個警察可以用《違警罰法》捕捉或「騷擾」同志的年代，去公園的男同志要小心翼翼躲警察，甚至擔心遇到不友善的人暴力挑釁。相較之下，酒吧本身「特種營業」性質自帶的神祕氣息，例如門口張貼非會員不得入內的相關告示（但事實上只是嚇嚇你），也形成天然防護罩；隱密的空間，隔離了外面世界的惡意，彷彿同志們的世外桃源。除此之外，在臺北捷運還沒誕生的年代，彼時酒吧多位於交通相對方便的地方，例如臺北車站周遭，方便大家前往。因為這些原因，相較於開放且充滿不確定性的公園，酒吧就成了八〇年代的同志相對單純且令人心安的交際場合，對於男同志和女同志來說，也是可從平日壓抑的異性戀社會中以「同性戀」身分現身、稍喘口氣的地方。

同志酒吧與一般酒吧的空間分布重疊，多半開個兩、三年便易主經營（T吧則更短），生存不易，變動極大。在內容方面，其實也沒有太大差別，酒一樣要喝，迪斯可一樣要跳——事實上，一群人擠在迪斯可舞池裡搖擺身體，既可以互相觀看曼妙舞姿，還有機會發生身體碰撞、接觸，對於活在民風淳樸、保守年代的男同性戀來說，怎麼可能不愛這種活動？解嚴前，迪斯可流行文化代表的反叛傳統、對抗身體規訓與精神束縛的解放，在男同志社群中格外流行。

然而，同志酒吧與一般酒吧最大的不同是，同志無法出櫃，同志聚集的空間一樣難以出櫃，資訊隱諱，避免被社會識別，招來騷擾、打壓。哪裡有同志酒吧，只能口耳相傳，依賴人際網路傳遞的限制。此外，表面上看來，同志酒吧好像只是同志聚集享樂、唱歌跳舞、交友、發展情慾關係的社交空間，然而，在這個空間，同志不再只是孤單個體，形塑的社群網絡力量、對抗壓迫的集體意識開始萌芽，使同志酒吧的意義遠超過一般酒吧的社交功能，為九〇年代臺灣同志運動的蓬勃發展，培養最肥沃的土壤。

Gay bar

大約七〇年代開始出現，臺北的 Gay bar 不只為臺北男同志、也為鄰近縣市鄉鎮的男同志提供難得的社群網絡。到了八〇年代，Gay bar 已是男同志重要的聚集地，位於後火車站條通一帶的名駿、柴可夫斯基，還有新公園附近的丘彼特，都是深受歡迎的 Gay bar。名駿是人氣酒吧，當時還沒有週休二日，名駿每到週六晚上總是擠滿了人。而「趙媽」是名駿的靈魂人物，也是當時圈內名人，他總是熱情招呼著客人，讓初到者不會覺得孤單無聊。趙媽後來還經營柴可夫斯基，一樣深受歡迎。

相較於開放且充滿不確定性的公園，酒吧就成了八〇年代的同志相對單純且令人心安的交際場合。

03

我們都流著八〇的血液

無論是酒吧還是夜總會，如本書第四部所談及的，八〇年代的夜生活空間，也是流行音樂文化的傳播熱點。除了夜總會引介迪斯可以外，許多鼎鼎有名的唱將或製作人，如蘇芮、陳復明都是在俱樂部、夜總會駐唱表演積累經驗，為日後的演藝事業打下堅實的基礎。而到了八〇年代中、晚期，臺北紛紛出現有著駐場樂團表演的英式酒吧，更提供了難得的機會和場地，讓本地歌手樂團在電視節目、演唱會以外的場合表演，滋養了臺灣非主流音樂的文化環境——今天的搖滾天王伍佰，剛出道的時候，就是前所未有地和陳昇一起搭檔在全臺PUB巡迴演出，累積起超高人氣。換句話說，越夜越熱鬧的各種空間，不只中

介了外來文化，也在臺灣流行音樂的成長過程中扮演了重要的角色。

今天五彩繽紛、閃爍熱烈的大眾夜店，幾乎也都可以上溯至八〇年代的夜生活。一如本書接下來會介紹的，實行多年舞禁後，臺灣出現了第一間合法舞廳KISS Disco，從音樂、空間到服務內容等各面向的創新，為臺北夜生活創造了一個全新的定義，同時也培養訓練了在現今各地夜店開枝散葉的第一代DJ們。另外一方面，如果我們把視野聚焦在同志文化的話，如今在臺北乃至於東亞地區頗負國際盛名的同志夜店G*Star，每到午夜一點就會開始的「Asia Pop」時間——也就是播放華語、韓語流行舞曲，眾人在舞臺上整齊劃一大跳MV舞的熱門時段——也都至少可上溯至九〇年代深受迪斯可影響的同志酒吧Funky的「排舞時間」。換句話說，要是沒有七、八〇

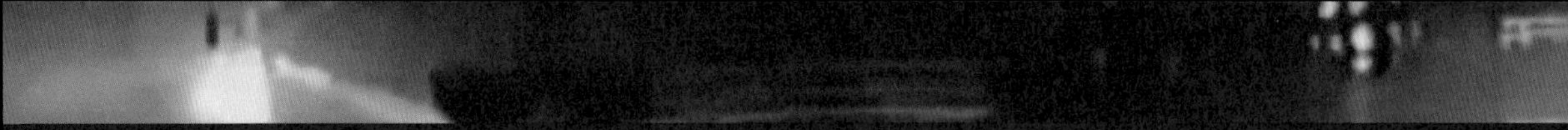

年代酒吧、迪斯可與同志社群文化三者的關鍵性交會，那麼，我們現在就無緣看到像 Asia Pop 這樣好玩的臺北夜生活場景。

這樣說來，似乎不管你是不是夜貓族，從身體的解放、同志社群的覺醒到本土流行音樂的發展，活在三、四十年後的我們，似乎都還流淌著當年夜臺北的時代血液呢！

潮流聚焦 FOCUS

迪斯可

來跳舞吧！
從全民舞禁到全民迪斯可

文●沈昆賢

eque

你能想像，曾經有那麼一段時間，臺灣人在家跳舞也要事先向警察申請嗎？

跳舞，這個自由的象徵，對戰後處在戒嚴狀態的臺灣來說，可不是件受歡迎的事。雖然臺灣從來沒有全面徹底的舞禁，但嚴格來說，在五〇年代節約消費、勤儉建國等政策運動和社會氛圍下，扭腰擺臀、男女肢體勾搭的「舞廳」多半被認為是敗壞風俗、浪費資源的特種行業，政府不但限制出入，並且嚴格管理營業時間。

當時候，不只舞廳以節約之名被課重稅，入場者也必須支付門票費用以外的稅金，金額高得嚇人，就是希望能夠達到「寓禁於徵」的效果；此外，

Discoth

政府也明令不准民眾在公開場合跳舞，即使想在自己家中跳舞，也需事先向警局申請。

然而，不管政府准不准跳，想跳舞的人，只要聽見音樂，都會忍不住舞動身體。七〇年代以降社會逐漸自由化，這些禁制的法律越來越只是「純參考用」，民間不但有許多舞廳時常逃漏稅，更出現取締不完的小型地下舞廳，而坊間「舞蹈補習班」、西餐廳及咖啡店等等更是不掛舞廳為名，卻行舞廳之實。

合法的特許舞廳，和飛地一般的飯店夜總會

七、八〇年代的舞廳型態可以分成三種，除了非法的地下舞廳外，還有「特許舞廳」，以及第一間合法舞廳 KISS Disco 的前身「飯店夜總會」。

臺灣戰後早期的「特許舞廳」多半是政府特許，諸如國際聯誼社、中國之友社、圓山大飯店等等，經營者背後常常有強大勢力撐腰。一九五七年《戡亂時期臺灣省限制舞場辦法》，將特許舞廳制度化，規定只能用來招待外賓、外僑與盟軍，而經營者每年需繳交巨額稅金及特許費。這些黨國體制下特許成立的舞廳，並非尋常百姓能夠踏入的地方，也因此和一般臺灣民眾的生活和文化相距甚遠，貪腐逃稅、黑道暴力、裙帶關係更是時有所聞。

在特許的舞廳以外，還有一類跳舞的場所，那就是大飯店底下設立的「夜總會」。當時，即使政府不樂見民眾跳舞，來訪的外國盟軍、外賓與華僑，總還是需要時髦的娛樂場所交際。中山北路上的臺北美軍招待所、圓山大飯店旁的美軍士官俱樂部，以及陽明山上的美軍俱樂部，便都是當年來臺美軍娛樂交際的場所，當越戰越演越烈時，駐紮臺灣的美軍也越來越多，政府遂開放飯店以「國際觀光」為名來經營娛樂產業，還會發放合法舞廳及飯店夜總會指南給抵臺美軍。

於是，許多國際觀光飯店在林森北路、中山北路一帶相繼成立，裡面的夜總會有歌手駐唱、還有十到二十五人編制的爵士「大樂團」現場演奏，服務外賓，例如圓山大飯店的「金龍廳」，就是一個可以跳舞的

夜總會。有趣的是，這些大樂團的樂手，白天大部分都是電視臺的樂手老師，晚上跑來夜總會演奏兼差；除此之外，這些觀光飯店幾乎全部都不是臺灣人經營，而是由挾有鉅額資本的華僑來臺設立，包括 KISS Disco 所在的中泰賓館、第一飯店、中央飯店、統一飯店、華國飯店與希爾頓飯店等等。

整體來說，一直到八〇年代以前，合法舞廳與夜總會大致上是臺北少數幾個可以「公開跳舞」的場所，也是在戒嚴體制下，這座城市少數接軌國際潮流的空間；彼時許多西洋流行文化——包含下一節要介紹的迪斯可——最一開始都是從這些宛如「飛地」的空間發軔，再慢慢流轉擴散到臺灣社會上。

然而，話說回來，舞廳和夜總會畢竟是少數有錢、有地位人士的「特權」，大部分民眾大多只能在價格低廉很多，設備也相當陽春的地下舞廳，冒著被警察逮捕的風險，隨著音樂搖擺起舞。

連小學生都在跳！八〇迪斯可風潮

一九七九年，美軍撤出臺灣後，原先設立的合法舞廳與觀光飯店漸漸失去了外賓客源；另一方面，在十大建設及產業轉型的推波助瀾下，臺灣的經濟起飛，一躍成為亞洲四小龍，一般人民越來越有錢有閒，娛樂消費的需求也越來越強烈。

在此同時，一九七七年約翰屈伏塔主演的《週末夜狂熱》電影在全球同步掀起熱潮，鮮豔耀眼的舞衣，閃閃發亮的舞池和璀璨的迪斯可球，將奔放的青春演繹得淋漓盡致；強烈迷人的旋律，隨性自由的舞步，令每個少男少女忍不住舉起手臂在舞池起舞。迪斯可舞曲、舞廳也在臺灣風行了起來，有些飯店如中央、來來、華國就開始在夜總會內部開闢迪斯可舞廳，甚至聘請甫興起的職業DJ來現場表演，跟上這股全球熱潮，吸引臺灣年輕族群。

然而，由於稅金等問題，這個時候的夜總會入場費用仍舊昂貴，而聘請的DJ也多半是外國音樂人，另外，舞池內需要播放的大量西洋熱門音樂，在當時都是由華僑上司出國「跑單幫」攜帶回臺的黑膠唱片。這些早期迪斯可舞廳的經營形式，都帶有特許舞廳與飯店夜總會的飛地特色，與臺灣民眾沒有那麼接近，而也是因此，一般民眾若需要跳迪斯可舞，仍舊會選擇持續蓬勃發展的地下舞廳。

一九七九年，發生了一個插曲：教育局宣布舞蹈補習班不能教授迪斯可，若違規，就將視其為地下舞廳懲處，理由是迪斯可被認定為一種交際舞，而不是運動或正規舞蹈如芭蕾舞、土風舞、民族舞。

但是，早在政府來得及發公文駁斥迪斯可以前，迪斯可文化早已在臺灣社會不同領域都造成風潮了，就算想擋也擋不住。除了上述的《週末夜狂熱》，還有被審查阻擋了兩年後，臺視播出的美國節目《迪斯可之夜》、中視的《歡樂假期》、臺視《五燈獎》中的迪斯可比賽項目，以及由甄妮主持，華視的《星光閃閃》，在時尚圈也有許多人引進有關迪斯可風格的服裝、化妝與飾品。

另外，有體育系教授在早晨時段，於中正紀念堂前廣場教授太極拳、韻律操與迪斯可，顯然直接把迪斯可當作有氧舞蹈「就地合法」。退休老人、家庭主婦，甚至是小學生，都以跳迪斯可來代替健身操或土風舞。

一九八〇年，第一間迪斯可舞廳「真空管溜冰迪斯可中心」在西門町獅子林大樓開張，這間舞廳有著時髦的跑燈彩飾、立體音響，跟大舞池的華麗冰宮，結合舞蹈、音樂和聲光效果，以絢麗七彩的姿態，邀請臺北青年來「時髦的運動」。

雖然「真空管溜冰迪斯可中心」最終被政府取締關門，但在這之後，其它的地下迪斯可舞廳有如過江之鯽——一九八二年，華國飯店的夜總會DJ們，在中山北路開了一間實質上供學生跳舞的「黛安娜餐廳」，現場還有將軍進行剪綵；同年，西門町萬年大樓出現了赫赫有名的金萬年冰宮。

到了一九八五年，中山區至少有三十家以上以餐廳為名的地下舞廳，青少年間最熱門的活動，就是去迪斯可解放身體、認識異性。

迪斯可舞的熱潮，就這樣一路延燒到了解嚴前夕，在一九八六年全臺第一家合法迪斯可舞廳KISS Disco成立，達到炙熱的最高點。

KISS Disco於一九八六年底，於中泰賓館（今文華東方酒店）二樓開張。開幕當天，這家由泰國華僑林命群親自監督打造、「強烈閃爍的超級DISCO」，在敦化北路和民生東路口，吸引了洶湧的排隊人潮。不惜重本打造的國際規格舞池內，來自各地各業的臺北青年，打扮鮮豔，恣意搖擺身體揮灑汗水；舞廳外，則有更多人排隊等候入場。

同一年，民進黨在圓山大飯店成立。隨著髮禁、黨禁、報禁、海禁、出國旅遊禁等的解除，臺灣「舞禁」也終於走入歷史，早已比比皆是的地下舞廳合法化，大量的合法迪斯可舞廳，也在西門町、東區等地如雨後春筍般大量增生，進入媒體所謂的舞廳戰國時期，而臺北這座城市的發展和記憶，也從此和這一座座閃亮的舞廳緊密連結。

潮人現身

他的臺灣第一家合法舞廳，解放一整個世代的渴望

KISS Disco 創辦人林命群

文◎蕭紫菡、胡芷嫣

「這世界不為我們所具備，我有我要到達的武俠境界。」＊

這首詩寫的，簡直就是林命群。不論是臺灣第一座超六星級飯店「臺北文華東方」，或是國際巨星史提夫汪達（Stevie Wonder）萬人空巷的第一場臺北演唱會，甚至是轟動全臺第一家合法舞廳 KISS Disco，全部都是出自林命群之手——旁人越覺得不可能，他越堅持突破完成。體內彷彿同時住著藝術家和企業家靈魂，林命群眼中看見了一個還未實現的理想世界，這三十幾年來，他總是以他的固執和完美，在臺北城市中把理想建造成為現實。

＊鯨向海，〈我要到達的武俠境界〉

林命群

一九八六年——那年臺灣還沒解嚴，舞禁仍在，迪斯可還被視為一種「有害身心健康」的活動；然而，就在這一年，臺灣第一間合法迪斯可舞廳 KISS Disco，就在國際飯店中泰賓館二樓沸沸揚揚地開張。

那時候去舞廳跳迪斯可，往往被視為是一件屬於「不良分子」的活動，一般年輕學子要是跟爸媽說要去冰宮跳迪斯可，可是會讓爸媽憂心如焚的。然而，現任臺北文華東方酒店董事長、當年 KISS 的創辦靈魂人物林命群，卻一眼洞察了迪斯可文化中通俗、包容且跨越階級的特質，而他，將要在臺灣把迪斯可變成一個「有品質的娛樂」。KISS 這座前所未見的高規格舞廳甫一登場，就創下了無數臺灣紀錄，開幕第一天，年輕男女排隊人潮一路洶湧蔓延到民生東路口。

當時或許沒有人想過，這個轟動的舞廳，居然會一開就是十八年。

要求每一個細節，打造國際水準的迪斯可舞廳

KISS 屹立不搖的原因，在於它不只是一座舞廳，而是一整個新時代解放的渴望。林命群說：「迪斯可的音樂非常迷人，充滿了自由的靈魂與層次。當時我感覺臺灣的年輕人很可憐，沒有什麼娛樂，也沒有一個正規的地方，能讓他們健康地玩、跳個過癮。我想創造一個這樣的空間，去國外看了很多，發現臺灣對這塊是很陌生的，當時的舞廳對我來說都只有二十分，我想開個九十分的讓大家看看。」

報紙上大肆宣傳 KISS 為「強烈閃爍的超級 DISCO」：「專用電腦控制，採

> 當時的舞廳對我來說都只有二十分，我想開個九十分的讓大家看看。

用科技燈光，以及幽浮燈，六組五米高、高速節拍跳動燈柱，超高功率雷射兩百種變化，二部二百吋畫面專業投影機，三種造煙變化色彩系統……。」。種種充滿未來感的科技，都是林命群將國際規格的裝潢設備帶進臺灣，打造第一座流行高端舞廳的堅持。獨創設計每每被同業模仿，到現在，臺北市的許多夜店，都還深受 KISS 的模式影響。

「曾有員工告訴我，有人拿相機來偷拍我們的空間，還丈量裝潢尺寸，我告訴他：『直接把設計圖給他吧！』對我來說，KISS 是很難抄襲的。」林命群瀟灑自信地說。KISS 光在燈光音響上就花了近六千萬設置，他形容那音響是「世界級的聲音」，清晰而不震耳；場內空調隨時維持十八到二十度，新鮮空氣在場內交換對流，就是為了讓消費者在裡頭不管逗留多久都能感到舒適；所有的杯碗都是用高壓、高溫殺菌。「這些都不是法令規定，而是我們認為消費者值得享受。」林命群說。

KISS 締造的傳說，除了即使放眼國際都是一流的舞廳規格與享受，還有場內對每一個細節的堅持。他的朋友透露，林命群觀察細節的投入度驚人，有回兩人在國外精品店，林命群看上一支錶，友人先到街上晃了一大圈，回來，林命群還在看那支錶。KISS 第一批員工趙先生也說，當年舞廳裡的每一顆燈，林命群都要求員工要每天擦拭、每週重新上螺絲。

科幻飛碟風、巴洛克華麗風……每次裝潢宛如 iPhone 出新機

而說到燈光，一反許多人對夜店「昏暗」的印象，林命群堅持 KISS Disco 的

燈光要有多層次的變化，也要務必「明亮」，要讓每一個人都可以被看見——事實上，「被看見」，正是當時許多男男女女喜歡週末跑 KISS 的最大原因，這裡宛如一個精緻有氣質的社交場，許在人喜歡來 KISS 認識新朋友、也與老朋友碰面寒暄。「在這裡，五十公尺內的人你都能看得清清楚楚的，所以每個人都喜歡盛裝來此，打扮得漂漂亮亮的。我曾問一個年輕女生：『怎麼好一陣子沒看到妳？』她說：『最近沒錢買新衣服，不敢來啊。』」

明亮的設計，除了要讓人人都被看見，也是要確保場內安全。為了打造健康、安全的舞廳，KISS 是第一個臺灣採取場內卡式錄影監控的營業場所，桌椅也都超過二十公斤，煙灰缸附鐵鍊、釘著在桌子上，剛開始五年都用塑膠杯而不用玻璃杯……，種種措施，都是為了確保

在影音紀錄尚未普及的 80 年代，KISS 製作了一部宣傳影片，裡面
記錄了眾人仰望 KISS 飛碟從高空降臨的畫面

SUPER ★ DISCO
KISS
THE KISS SUPER DISCOTHEQUE

消費者無法輕易拿起重物，喝酒鬧事。而廁所平均每十五分鐘就有維安人員巡邏，一旦發現危險物品或藥品，便直接通報警局。「所以，很多大人都很放心讓他們的孩子進來玩。」

回想 KISS 的整體設計，最令人印象深刻的，應該是那座「飛碟」——取材當時流行的影集「星際大戰」，KISS 場內安放了一個可升、可降、可載人的飛碟，時間一到就會隨著現場逐漸升溫的氣氛從天而降，火辣女郎會從飛碟中現身，伴著閃動燈光和 DJ 精心 Mixing 的舞曲，對場內滿滿的鼓譟群眾灑下糖果和折扣券。

事實上，KISS 前後共歷經了五次裝潢，每隔幾年就不計成本地暫停營業，將設計全部翻新，KISS 最後一次裝潢，耗資一億多，場內搖身一變為華麗的巴洛克風格；當時還請了義大利的藝術家來繪製壁畫，藝術家把舞廳當教堂一樣在畫，光調漆就調了一個上午，不滿意又重新來過。

KISS 每次裝潢都備受矚目，不只設計風格改變，連入口走道都不一樣，讓人驚豔。林命群形容：「對很多消費者來說，KISS 的裝潢就像當時推出新款 iPhone，大家都好奇：這次 KISS 又要把我們帶到什麼地方去呢？」

從音樂、酒水到演出，KISS 總是不畏挑戰界線

林命群究竟為什麼願意投入這麼多、在空間細節上如此講究？他笑說：「就是一股興趣跟熱情，想整合音樂、舞蹈、藝術等概念，做出全世界數一數二的夜店。」

「來我們這裡的群眾，根本不用藥，

就能自然嗨，當時的音樂真是好聽。」林命群說，好的樂音，是迪斯可的靈魂，也是 KISS 經營的核心概念。因此除了硬體上的頂級音響，舞廳裡也有全臺灣最多、最豐富的黑膠唱片，甚至直接延攬頂尖的國外 DJ 來 KISS 放歌（也培育了第一代臺灣 DJ），後期還有國際水準的 Live Band 駐場演出。

KISS 首創入場三百五十元、進場還能享兩杯可樂的門票制，打破過去合法舞廳或飯店夜總會總是「高不可攀」的收費，在打工時薪八十元的時代，獲得臺北年輕男女的狂熱歡迎；舞廳每逢週末經常人潮洶湧，平均每兩個人只有一人能入場。「其實我們內部可容納一千五百人，但只放一千一百人進來，每晚外面隨時有五、六百人排隊，出來幾位我們才放進去幾位，就是要讓大家進場時感到舒適，不要寸步難行，這也是我們推出三百五十元入場費能被大眾買單的原因之一。」貼心的 KISS 也會送前一百名向隅的民眾免費入場券，讓許多人樂於來排隊。

要求處處做到極致的林命群，就連店內的飲料也不馬虎，特地將紐約的調酒比賽冠軍請來臺北，為臺灣消費者推出許多前所未見的新奇調酒，如「自殺飛機」、「試管」、「長島冰茶」，也是從 KISS 開始出現後，慢慢在其他酒吧夜店普及。

KISS 另一個突破性創舉，便是邀請澳洲健美男子團體 Man Power 來臺表演。Man Power 成員個個俊俏，練有一身健美肌肉，看了令人血脈賁張，但是 Man Power 表演並不走脫衣路線，而是實力派的專業演出，每個人都有不同的才華展演。眼光精準的林命群，率先邀請 Man Power 來臺，在保守的年代，受到許多輿論抨擊，認為其「敗壞社會善良風俗」，還差點申請不到表演許可證。有趣的是，當時幾位女權主義者如李昂及黃越綏，都站出來為 KISS 說話，表示這樣的活動為女性開創了新的娛樂享受。爾後，KISS 在公車上登了一則廣告，文案斗大地寫著「女人也有取悅自己的自由」。廣告一出，許多遊覽車從中南部一車一車地包上來，大批的女性觀眾買票入場，Man Power 在 KISS 整整轟動了一個月。

風光的國際巨星演唱會，背後是一連串世界級挑戰

除了華麗的硬體、豐富的內容之外，林命群締造的傳奇，還有他在中華體育館舉辦的一系列國際演

WELCOME STEVIE
The LIVING LEGEND
他，在黑暗的世界裡，用感情與生命唱出偉大及不朽
史提夫汪德
TAIPEI CONCERT
台北演唱會
5月2日/3日
歡迎史提夫汪德來台演唱
請同時收藏他的每一張作品
CHARACTERS
IN SQUARE CIRCLE
ORIGINAL MUSIQUARIUM 1&2
LOVE SONGS
ROCK RECORDS & TAPES CO., LT

Anita Taipei
梅艷芳
台北演唱會
演唱會女王・香港第一
BAND，演唱會女王台北首次鉅獻
STEVIE WONDER演唱會後再度推出
名製作人陳家瑛親來監製
芳台北演唱會最後票券
搶購發售中
成功售完
已售完
新發售
KISS

唱會。當西洋歌手登臺還相當罕見的年代，KISS就為臺北開創了許多的「第一次」——十八年來，KISS共舉辦了六十多場演唱會，舉凡上過港臺或西洋流行排行榜的歌手，如史提夫汪達、Modern Talking、梅豔芳等，幾乎都在他安排下來辦過演唱會。

說起那場史提夫汪達演唱會，林命群對過程的栩栩描繪，展現了他驚人的記憶力：「每分鐘都有新的問題要解決！」他說，史提夫汪達的演唱會是出了名的要求高，為了把整個團隊順利接來臺灣演出兩天，舉凡住宿伙食、行程、接洽等都讓人傷透腦筋，對方甚至要求把「整座舞臺」原封不動搬來臺北，讓他必須豪擲數百萬包機，「我真的暈倒。」他搖頭開玩笑說。

這一切還不打緊，成功包到一架飛機後，演出日期已迫在眉睫，接下來的故事更是驚險宛如刺激電影：先是搶不到當年稀少的航線，再來是出關時間過早沒有海關、又有人臨時改變意願、舞台差點來不及組裝好（最後破紀錄只花了一天）……，各種臨時狀況，搞得他焦頭爛額、勞師動眾，最後甚至出動了包括日本運輸大臣（交通部長）石原慎太郎在內的各種有力人士幫忙，整場演唱會才得以順利成行——那可是KISS舉辦的第一場演唱會，他無論如何都要讓其成行。

「在臺北聽那場演唱會的人，都不知道我經過這些事。」他抽了一口菸笑著說。

但即使如此，「所有嚴苛的問題最後都一一解決，非常過癮啊！」林命群還是帥氣地笑，像一個練成武功後溫雅收劍的俠客。

電音衝擊，迪斯可式微，KISS 精神不死

二〇〇三年 SARS 疫情在臺灣爆發，所有夜店面臨重大危機，雖然 KISS 當時仍繼續維持營業，林命群也願承擔損失，卻遇上了另一個他無法解決的難關——音樂潮流的改變。

「電子搖頭樂開始成為主流，迪斯可逐漸式微，民眾追隨的不再是偶像和好聽的樂音。過去，KISS 追求的是一種由真人偶像和現場演唱所創造出來的自然氣氛，後來通通被電腦取代。更重要的是，伴隨這種音樂的是用藥文化的興起，我發現那不是我能改變的，就收掉了 KISS。」

KISS 的傳奇一燒十八年，曾經的輝煌就這麼落幕，會不會感到可惜？林命群說，當然會，但他也還在等，等待下一個再創潮流的突破點。

他笑說，「我想，這音樂的潮流總會有結束的一天吧，我就不相信人們不會喜歡好聽的旋律。」這二十年，雖然 KISS 歇業，但影響力仍繼續在臺灣作用著，無論是空間設計、調酒內容、乃至許多 KISS 培養的臺灣第一代 DJ 都紛紛在臺北闖出一片天，KISS 的精神，如開枝散葉般地生長在臺北各處。

「八〇年代對我而言，真是一個美好的年代。沒有手機，大家想見面就穿得漂漂亮亮地來到這裡，用有溫度的音樂和人去創造氛圍。」林命群說，「迪斯可很美，不該被妖魔化，KISS 把一個在當時被視為『傷風敗俗』的事變得健康，許多人在這裡交到男女朋友和終身伴侶，現在他們應該都五、六十歲了吧。這也是做了一件好事。」說完，他陷入罕見的短暫沉思。

> “我就不相信人們不會喜歡好聽的旋律。

當一個人跳舞是造反，一群人跳舞就是革命。走過當年舞禁，KISS 一腳跨過戒嚴規訓的那條線，讓一整個世代的人，一起用跳舞解放身體與心靈，在洶湧的八〇年代，寫下一筆迷人的革命樂章。四十年過去，迪斯可舞曲似乎又開始默默流行起來，而 KISS 創辦人林命群眼中，仍燃燒著一個旁人看不見的理想境界，他胸懷絕世武功，還在等待更好的時機點，創造下一個打破所有人認知的空間。

特別來賓 *Special Guest*

DJ Junior

臺灣第一代DJ 讓你跳！

文●林雅雯

一九八六年十二月底，一場在中華體育館舉辦的舞會，宣告著「舞禁」正式走入歷史，上千名學生齊聚，任由身體跟著各種音樂晃動，腳踩著的地方就是舞臺，無需舞伴、也不必理會別人的舞步，只管將整個人全心全意地投入。

「那場舞禁解除的舞會，音樂是我放的！」這是當今臺北熱門夜店 Ai Nightclub 老闆 DJ Junior 一談起八〇年代就不得不說的一段回憶，這也是他開展 DJ 事業的一次重要經驗。

DJ Junior，十七歲時聽到香港 DJ 播放 EDM（電子舞曲）後深受吸引，在缺乏本土 DJ 訓練資源的八〇年代，憑著一股熱情，自學踏上音樂之路。現在已是國際知名 DJ 的他，不僅是臺灣首位登上比利時 Tomorrowland 舞臺的臺灣本土男 DJ，其創作也多次攻占 Beatport 排行榜首。他的 DJ 生涯，正好與 KISS 興盛、舞禁解除有著密不可分的關係。

從外籍進駐往本土扎根，DJ Junior 加入 KISS

KISS Disco 剛開幕時，DJ 多由外籍人士擔任，有泰國來的也有香港的，本土的 DJ 屈指可數。當年輕人在臺下跳得酣暢，DJ Junior 總是在旁仔細觀摩、認真聆聽；空閒時候，他就往唱片行跑，從前輩作品摸索自學，浸淫在音樂之中。

當完兵後，適逢 KISS Disco 正在物色臺灣本藉 DJ，他便自告奮勇通過徵選加入了，待了一兩年的時間。當時，與他為伍的，是成千上萬片來自世界各地的流行音樂唱片、最頂級的音響及播放設備，以及舞池裡引領臺北流行的年輕男女。

「我們那時不僅音樂，連 MV 都同步

播給觀眾看！」DJ Junior 說，彼時不似如今網路發達，各國藝人的音樂 MV 必須到特定地點才有機會一睹為快，KISS Disco 就曾在一九八七年九月舉辦麥可傑克森的 MV 首映舞會，放映其新專輯十首新曲及最新舞步，不僅讓歌迷趨之若鶩，也吸引媒體關注爭相報導。不僅如此，最讓 DJ Junior 印象深刻的還有國際巨星登臺。做為國際級飯店，中泰賓館經常招待來臺演出的外國藝人或樂團，演出後到 KISS「慶功」無形中約定俗成，也成為 KISS 的賣點之一。

無論哪個方面，只管做到最好

一談到 KISS Disco 的幕後推手林命群董事長，DJ Junior 對他在 KISS 投注的心力深感佩服，「無論哪個方面，當時 KISS 只管做到最好，真的可以說是全臺北最高級！」他的精神也影響了 DJ Junior，當他開始自立門戶，也將相同的態度複製到自己的創業，從裝潢設計、設備音響到人員服務，無一不要求，意圖打造出全臺北、甚至全臺灣最特別的夜店。

畢竟不同於八〇年代，臺北早已是一座不甘寂寞的不夜城，要在各種酒吧、舞廳闖出一片名號，除了有最新、最潮的設備是絕對不夠的！DJ Junior 談起 Ai 的經營策略，最讓他得意的便是「行銷手段」，一方面大方地回饋熟客，促使回流；一方面透過各種「限定優惠」吸引新客人上門。利用現時人手一機的優勢，通訊軟體不僅是推播訊息的工具，也能有效將顧客聚攏起來。二〇二〇年，DJ Junior 一手打造的 Ai Nightclub 入選全球百大夜店五十七名，是臺灣第一次入選。

從創作音樂到夜店經營，八〇年代無疑是 DJ Junior 音樂啟蒙的重要時代，在資訊流動相對有限的年代，他在唱片行、MTV 穿梭，追逐世界流行音樂的腳步，再將自己對於電子音樂的理解透過迪斯可舞廳、DJ 臺傳遞給聽眾。如今，全世界都能藉由音樂串流、影音平臺追逐他的音樂腳步。

Kiss 的回憶：

「大學生如果不去排 KISS 就落伍了！」

「第一次去是朋友約，為了開開眼界去的。」

「一張票三百五十元吧！打工賺四百，剩五十塊正好當車費。」

「只記得音樂很大聲，飲料很獨特，排好久才進場。」

「飛碟飛出來時會噴糖果跟折價券！」

「沒有特定的舞步，就是跟著音樂亂晃。」

「先去 iR 吃飯，再去 KISS 跳舞，就是我的約會套裝。」

新潮待續
To be continued... 2021

除了跳舞喝酒，夜晚的臺北還有什麼？

「驚喜製造」共同創辦人．陳心龍

文●徐慈臨

講起「夜生活」，五光十色、杯觥交錯的印象瞬時映入腦中，從八〇年代第一間合法舞廳成立以來，都會夜間行程在用完餐點後，不外乎是看場電影、前往舞廳或酒吧，在樂曲與酒精中跳舞歡暢。然而「驚喜製造」為當代臺北的夜晚增添了出乎意料的驚喜，他們將種種「體驗」化作商品，帶領參與者沉浸在未曾注意的味覺體感，探索內心深處塵封的情感，成為繁忙城市夜幕中的嶄新選擇。

MA
BAR

二十一世紀時興的沉浸式體驗，竟帶你沉浸回八〇年代

入夜下班後，你的下一站是哪裡？是五光十色的酒吧舞池？還是溫馨美味的晚飯餐桌？

「沉浸式體驗」是近年臺北夜生活最潮的新選擇，前往充滿神祕氣息的空間，墜入與現實截然不同、精心營造的氛圍與情境中，透過故事引導，獲得某種感官上或心境上的體驗和啟發。

「驚喜製造」是一支專營沉浸式體驗的團隊，由陳心龍、林業軒共同創辦，至今已推出《無光晚餐》、《一人餐桌》、《微醺大飯店》、《明日俱樂部》等作品，廣受好評，也掀起網路上陣陣熱烈討論的浪潮。預計於二〇二〇年末發布的第六號作品《微醺大飯店：1980s》已如火如荼展開製作，將帶領參與者重返……八〇年

代！

「其實我，沒有很喜歡八〇年代的音樂耶！」談起新作品，陳心龍誠實而有些不好意思透露心情。

既然如此，為何選擇這個時間段？陳心龍認為，當時通訊科技還不像現在這麼普及，雖然家家戶戶大多已有電話，但「BB Call」和「大哥大」尚未普及，和遠方親友經常還是以書信聯繫情感。而當時大眾能夠儲存他人身影與記憶的媒材，正由平面照片發展成有聲音和影像的錄音帶、錄影帶，即使現在看來這些媒材並不適合永久保存，卻是那個年代的人們所能擁有的最先進技術。

「『記憶』從只存在於腦海中的片段，轉化成具體的影像之後，『記憶』是否還能被稱為『記憶』呢？」記憶與事實之間的落差，以及想回到過去美好時光的懷念心情，都是陳心龍想要透過作品探討的事情，參與者不需要在過程中同理八〇年代的美好與醜惡，而是在體驗過程中，找尋自己最想回去的那個瞬間。

陳心龍笑著說，對於沒經歷過八〇年代的年輕人，可能覺得這只是個新奇的活動，而人生經驗較多的長輩會更容易投入情境，勾起過往回憶與感觸。就像現在的年輕人喜歡搶票參加「正宗華語金曲之夜」音樂派對，覺得是很「復古的酷」；但對父母輩來說，那些歌曲都

是自己當年的青春潮流，兩種感受是截然不同的。

不同世代的不同滋味，就是時代的醍醐味

李宗盛在一九八六年發行的《生命中的精靈》專輯錄音帶，A面最後，口白說道：「帶子不夠長，請換一面再聽吧！」陳心龍覺得這就是種有趣且隨著影音科技進步、再也無法被後世複製的特殊記憶。

為了重建八〇年代的環境與氛圍，驚喜製造團隊成員的功課之一，是與家中長輩「話當年」。有機會與父母親一起追溯他們的年輕往事，對陳心龍來說，是相當難得的體驗，而最讓他驚訝的是，原來家教甚嚴的「乖乖牌」母親，居然也曾經跟風去過中泰賓館的KISS Disco；原來「夜店」並不專屬於現代年輕人，三十多年前的臺北少男少女，就已經擠在舞池中，聽著震耳欲聾的樂曲狂歡。

當時KISS Disco剛合法開幕不久，在尚處戒嚴時期的八〇年代，是臺北年輕人趨之若鶩的新世界，吸引許多不了解迪斯可的民眾跟隨潮流前往嘗鮮。陳心龍說：「媽媽只記得入場前排了超級久的隊，滿心期待進入一個未知世界，然而入場後卻相當失望，覺得酒很難喝、不喜歡節奏強烈的音樂，裡面的人還很『壞』，體驗與期待感成正比，所以很快就離開了。」

對比自身經驗，陳心龍反思兩個世代的差異：「我的兒時有周杰倫和五月天，小學就能到電影院看電影，成長過程理所當然能接受更多新的流行元素。」但父母輩歷經從無到有的過程，從許多歌曲無法自由傳唱的階段開始踏出步伐跨越。「在我看來需要面臨的挑戰更大、接受困難度也更高。」

透過資料收集與各路訪談，製作團隊明白八〇年代的元素太過龐大，如果一味追求寫實，總會有讓人覺得「差了幾分」的感覺，因此《微醺大飯店：1980s》不會單純複製當時的樣態，而是透過「穿越時空」的

概念，引領參與者從二〇二〇重返八〇年代，再藉由聲音、影像、演出，讓曾經經歷的人重新喚回那段記憶；讓未曾經歷的人，因為八〇年代的刺激而回想起某些雷同的片段。

曾經歷的事情都會存放在記憶深處，只是可能因為遺忘而無法想起，所以「穿越時空、回到過去」的故事背景，是為了讓人進入某種意識狀態後，透過酒精與引導，重新回想起當時的片段與狀態，深埋在心中的回憶則會瞬間從一個模糊微小的點，擴大成清晰而立體的「3D」狀態。只要參與者在活動過程中「回想起曾經遺忘的事物」，就達成驚喜製造的目的了。

我想把這樣的感受，透過情境設計體驗傳達給其他人，將人們開拓心胸生活的模式帶回臺灣。

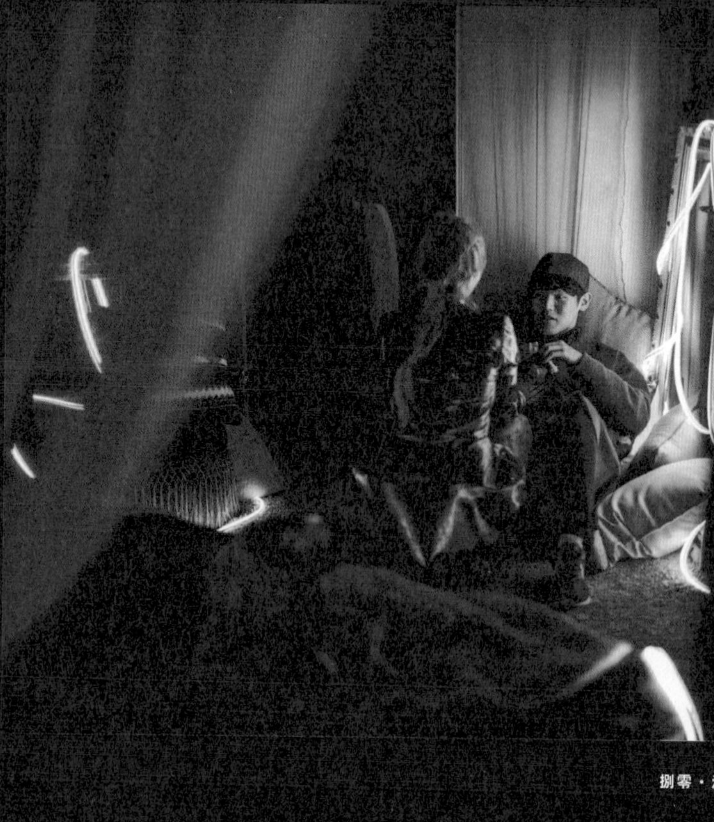

《微醺大飯店：1980s》的主軸雖然是時間，但陳心龍認為：「無論故事的劇情背景是什麼，年代設定在何時，最終重點還是必須回到『人』本身。創作到最後總會跳脫文字或影像，希望能達成情感傳遞。」

無法重複的體驗，和時間一樣無形但珍貴

二〇一五年，陳心龍從英國倫敦返回臺灣，和友人林業軒一同創辦了「驚喜製造」。

在倫敦遊學的一年期間，陳心龍拋開工作包袱，只在意自己今天有沒有好好過生活，放寬心胸感受城市的美學設計、人文風情，以及人與人之間的交流，他說：「我真的很認真在生活！」

倫敦是座充滿生命力的活躍城市，街上有無數表演者與藝術家在販售才華、展現自我，同時集沉浸式體驗之大成，人們對於新事物的接受度很高，也很願意為他人創造驚喜。陳心龍參加了各種不同的體驗活動，突破自己原本的想像界限。他說：「我想把這樣的感受，透過情境設計體驗傳達給其他人，將人們開拓心胸生活的模式帶回臺灣。」其中，《You Me Bum Bum Train》是在二〇一〇年左右開始演出的「傳說級」活動，一百個房間、一百個臨時演員，由演員自行決定表演內容或出席與否，參與者隨機開啟房間，就像親身去玩一切未知的RPG遊戲，即使下次來到同個房間，也不會再遇到同一位演員。「而且其實來不了第二次，它實在太熱門了，根本預約不到。」

從一個房間移動到下一個房間的模式，成為沉浸式體驗較大宗的形式，互動式體驗餐廳「Gingerline」就是在這種模式下，結合了演出與餐飲的高娛樂性成功典範。陳心龍也會前往各國觀摩取材，紐約百老匯的《Sleep No More》，對他來說是最難超越的，企劃非常完整，技術層面也很高，很難透過觀看表演「偷師」一些技巧回來，但陳心龍認為，這些作品雖然傑出，卻缺乏了驚

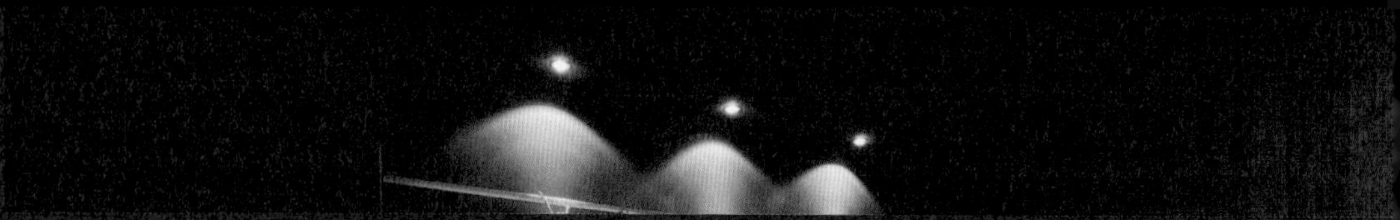

喜製造想達成的情感層面，他自信地說：「如果是相同的成本預算，我們能夠做得更好！」

陳心龍觀察到，有將近九成的倫敦人，相較於物質更追求精神層面的美好，因此小眾藝術家才有生存空間。但臺灣人口基數小，創作者獲得支持的轉換率面臨挑戰，如何提高接受認可「體驗有價」的人數百分比，就是驚喜製造迫切需要解決的課題。一開始成立「驚喜製造」時，各界並不看好，當時臺灣流行野餐、露營、路跑、市集與音樂祭活動，人們重視有形商品，付出多少金額就必須得到等值物品，無形體驗相對不值錢。

當人人都能製造驚喜，就是功成身退時

如何在有形的商品與無形的體驗之間取得平衡？是驚喜製造首先面臨的挑戰。

陳心龍與團隊在創作過程中經歷拉扯，將自身經驗帶入作品，並且定下每個作品最後的感觸目標。由於美食、美酒與玩樂，是消費者普遍願意花錢的項目，驚喜製造選擇從餐飲體驗開始，先推出《無光晚餐》，讓人們在黑暗中感受與既定印象截然不同的食材滋味，體認「能夠一起經歷黑暗的人必定是對自己重要的人」；《一人餐桌》則源自陳心龍在倫敦期間獨自前往柏林，過了一個完全沒有社交也刻意不與任何人說話的生日，希望參與者同樣體會不受外界干擾、與自己獨處的進食時光。

接著再和「進港浪製作」合作劇場企劃，在原有的餐飲基礎上加入戲劇演出，逐步讓更多人接受「沉浸式體驗」概念。《微醺大飯店》希望能讓參加者心中自然浮現一個想要聯繫的人，打通電話給他；而在香港大埔連儂隧道中感受到的絕望感，以及「相信明天仍有希望」的信念感，構成陳心龍製作《明日俱樂部》的核心。

陳心龍記得很清楚，《一人餐桌》時有位五十二歲的黃媽媽，在生日當天獨自來吃飯，服務生決定跳過既有的程

序與規則，偷偷通知在場其他二十三位客人：「今天是那位女士的生日，如果你願意的話，可以寫張紙條祝福她。」從主餐到飯後甜點的過程中，黃媽媽陸續收到來自陌生人的祝福，邊吃邊哭邊笑。這就是驚喜製造想要傳遞的理念——人人都是驚喜製造。

因為有清楚且無法妥協的核心價值目標，所以驚喜製造的作品，無法被市場輕易複製取代。目前驚喜製造還處於第一階段：建立「體驗有價」的觀念，開啟人們對生活與新可能性的接受度，用情緒堆疊感官產生省思——這就是驚喜製造所販賣的「價值」。當進入第二階段「人人都是驚喜製造」，驚喜製造的階段性任務就結束了。

「有競爭者才有市場，臺灣現在最欠缺的就是沉浸式體驗的市場。」陳心龍說。接下來除了《微醺大飯店：1980s》，驚喜製造將要完全打破以往框架，從精緻的沉浸式體驗轉向創造夜生活新型態——《WHEE！下來玩》預計改造臺北鬧區中的大型空間，參與者可主動與服務生或遊戲站點交流，自由選擇想觸發的點，就像是一座「驚喜製造風格」的複合式美食街遊樂園。不停帶來新體驗的驚喜製造，接下來將又要為臺北夜生活帶來什麼驚喜？讓我們拭目以待。

潮人快問快答

／陳心龍

Q「臺北」是什麼？

A 臺北是個保留了許多時代感的現代都市，就像福華大飯店的男士理髮廳從一九八四年到現在，還是會有老客人固定去剪「臺式復古」髮型，感覺會出現在政府官員頭上的那種。我

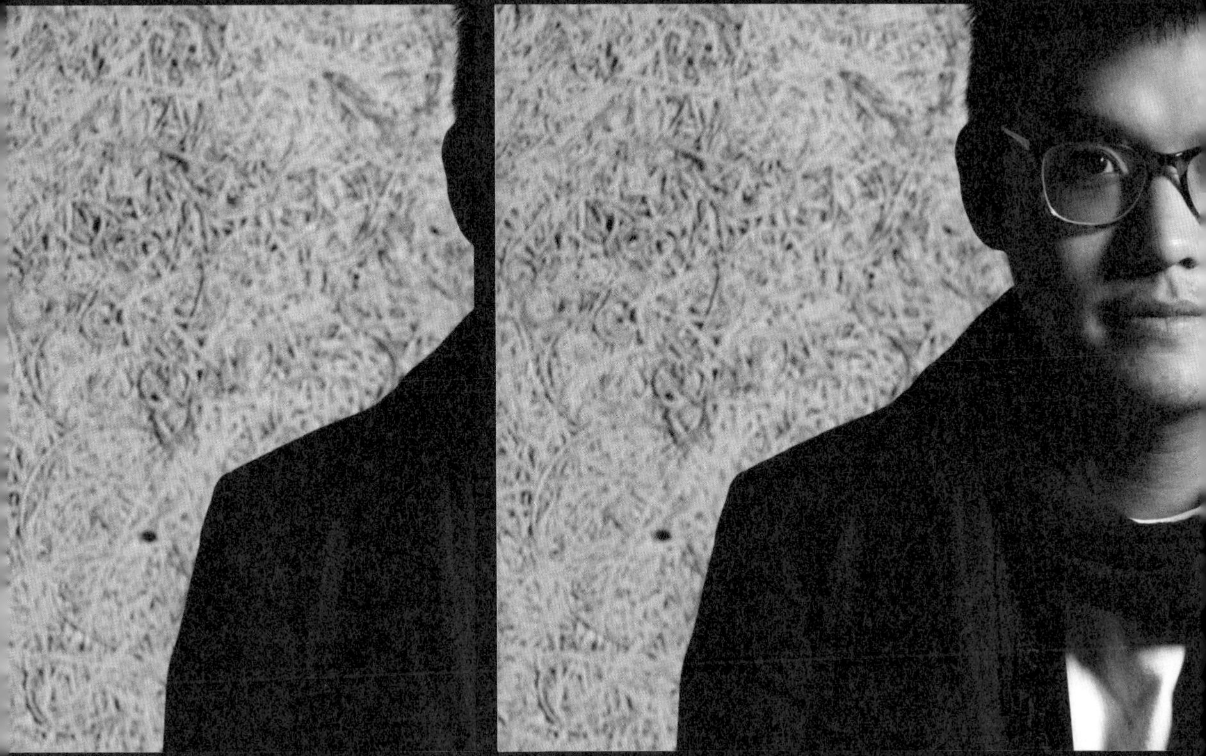

也曾經抱著想試看看的心情去理過兩次小平頭！

Q 「潮流」是什麼？

A 潮流是由世代疊加累積進化而成的，這個世代的人經歷了上個世代的的成長脈絡，再加上偶然的轉折點，像臺灣解嚴改變了社會氛圍與風氣。希望潮流能從物質生活轉向追尋精神層面，我們能開始學會辨別「無形」的價值。

全書文獻參考資料

PART 1

多人合著，〈取締不良幫派經驗談〉，《警光》152期，1971，頁10-24。
孫正華、林靜宜，《時尚是門好生意》，臺北：天下文化，2015。
陳惠薇，〈我國經濟自由化之探討〉，《經濟研究》13期，2003，頁183-206。
黃淑玲，《中學生髮禁制度之研究》，國立中山大學，中山學術研究所碩士論文，2006。
黃薰儀，〈三把刀裁出流行網〉，《天下雜誌》80期，1988。
葉立誠，《臺灣服裝史》，臺北：商鼎文化，2005。
謝維合，〈品味流行——台灣時尚風騷百年〉，《美育》180期，2011，頁82-91。
瞿宛文，〈重看臺灣棉紡織業早期的發展〉，《新史學》19卷1期，2008年3月，頁167-227。
鷲田清一，《關於穿衣服這件事的哲學辯證》，臺北：字畝文化，2019。

PART 2

王仁湘，《飲食之旅》，臺北：臺灣商務出版社，2001。
何春蕤，〈臺灣的麥當勞化—跨國服務業資本的文化邏輯〉，《臺灣社會研究季刊》16期，1994，頁1-20。
周勝方、洪久賢，〈從「吃飽沒?」到「好吃嘸?」—臺灣飲食文化變遷與發展之探析〉，《中華飲食文化學術研討會論文集》第12屆，2011，頁525-555。
柯裕棻，〈消費：大眾，文化〉，《中外文學》31卷4期，2002，頁9-19。
范燕秋，〈美援、農復會與1950年代臺灣的飲食營養措施—以美援相關檔案為中心〉，《國史館館刊》55期，2018，頁83-126。
陳玉箴，《臺灣菜的文化史：食物消費中的國家體現》，臺北：聯經出版，2020。
陳玉箴，〈食物消費中的國家、階級與文化展演：日治與戰後初期的「臺灣菜」〉，《臺灣史研究》15卷3期，2008，頁141-188。
楊惠椀，《80年代以來臺灣飲食散文研究》，國立成功大學，中國文學系碩士論文，2009。
熊培伶，《戰後臺灣飲食的文化移植與現代生活想像(1950-1970)》，國立政治大學，傳播學研究所博士論文，2016。

PART 3

殷寶寧，《情慾．國族．後殖民：誰的中山北路？》，臺北：左岸文化，2006。

連玲玲，《打造消費天堂：百貨公司與近代上海城市文化》，臺北：中央研究院近代史研究所，2017。

曾旭正，《戰後臺北的都市過程與都市意識形構之研究》，國立臺灣大學，土木工程研究所博士論文，1994。

朝陽堂編輯小組，《百貨業》，臺北：朝陽堂文化，1998。

臺北銀行經濟研究室編印，《臺灣區百貨公司產業調查報告續篇（一）》，臺北：臺北銀行經濟研究室，1993。

臺北銀行經濟研究室編印，《臺灣區百貨公司產業調查報告續篇（二）》，臺北：臺北銀行經濟研究室，1998。

PART 4

「臺視三十年」編輯委員會編輯，《臺視三十年》，臺北：臺灣電視事業公司，1992。

中華電視股份有限公司編著，《歲月：華視 47 週年台慶專刊》，臺北：中華電視股份有限公司，2018。

中華電視股份有限公司編著，《鎏金年華：華視半世紀的影響》，臺北：中華電視股份有限公司，2020。

王唯，《透視臺灣電視史》，臺北：中國戲劇藝術實驗中心出版，2006。

王淳眉，《製作類型：戰後國語通俗音樂「流行曲」與「搖滾樂」的系譜考察，從「滾石」、「飛碟」到「水晶」》，國立交通大學，社會與文化研究所碩士論文，2016。

金開鑫總編輯，《華視二十年》，臺北：中華電視公司，1991。

翁嘉銘，《樂光流影：臺灣流行音樂思路》，臺北縣：典藏文創，2010。

馬世芳，《耳朵借我》，臺北：新經典文化，2014。

張天福主編，《華視十五年》，臺北：華視，1986。

曾慧佳，《從流行歌曲看臺灣社會》，臺北：桂冠圖書，1998。

熊一蘋，《我們的搖滾樂》，臺北：游擊文化，2020。

劉英欽，《臺灣電視風雲錄》，臺北：黎明文化事業股份有限公司，1999。

盧非易，《有線（限）電視無限（線）文化》，臺北：幼獅文化事業公司，1995。

簡妙如，《流行文化，美學，現代性：以八、九〇年代臺灣流行音樂的歷史重構為例》，國立政治大學，新聞學系博士論文，2002。

PART 5

吳子涓，《舞禁之下的身體政治—台灣戒嚴時期（1949-1987）的跳舞身體及其抵抗》，國立成功大學，臺灣文學系碩士論文，2019。

蔡明志，〈臺灣公眾飲酒場所初探：1895-1980s〉，《中國飲食文化》7卷2期，2011，頁 121-167。

賴彥甫，〈展演「C／娘」的音樂文化—臺北同志夜店 G*Star 的 Asia Pop 與男同志身分的建構〉，《女學學誌：婦女與性別研究》37 期，2015，頁 93-133。

臺灣同志諮詢熱線協會老同小組，老同口述歷史訪談資料。

捌零・潮臺北

1980s: Fashion Taipei

總 策 劃●倪重華

編輯採訪●故事 StoryStudio

責任編輯●胡芷嫣、林雅雯

美術編輯●張湘華、劉耘桑

封面設計●劉耘桑

攝　　影●陳藝堂、劉耘桑

文字撰寫●沈昆賢、林雅雯、胡芷嫣、徐慈臨、陳思安、陳韋聿、喀飛、蕭紫菡、賴彥甫（按筆畫順）

照片提供● DJ Junior、La Vie 雜誌（林政億攝影）、呂芳智、林命群、芙蓉坊、洪偉明、倪重華、商台玉、趙仲傑、邱柏庭、銀杏餐飲團隊、戴春發、劉長灝、驚喜製造（按筆畫順）

特別感謝●比利、左玉芳、何慶男、林俊堯、施昇輝、施錫基、段國慶、陳孝萱、陳淑婷、陳復明、張朝晟、舒國治、廖晉德、趙俊騰、劉繼鳴、蔡美慧、鄭和蓉、蕭民岳、蘇玉珍（按筆畫順）

頁 2、頁 62、頁 81、頁 117、頁 124、頁 135、頁 168、頁 171 之圖片來源為聯合知識庫

國家圖書館出版品預行編目 (CIP) 資料

捌零 . 潮臺北 = 1980s : Fashion Taipei / 沈昆賢 , 林雅雯 , 胡芷嫣 , 徐慈臨 , 陳思安 , 陳韋聿 , 喀飛 , 蕭紫菡 , 賴彥甫文字撰寫 . -- 初版 . -- 臺北市 : 大塊文化出版股份有限公司 , 2021.01
面 ; 17x23 公分
ISBN 978-986-5549-31-2(平裝)
1. 社會生活 2. 生活史 3. 臺灣文化

733.4　　109019798

出 版 者：大塊文化出版股份有限公司
台北市 105022 南京東路四段 25 號 11 樓
讀者服務專線：0800-006689
電話：02-87123898
傳真：02-87123897
郵撥帳號：18955675
戶名：大塊文化出版股份有限公司
法律顧問：董安丹律師、顧慕堯律師

總經銷：大和書報圖書股份有限公司
新北市新莊區五工五路 2 號
電話：02-89902588
傳真：02-22901658

策劃人：財團法人音樂科技學院基金會
台北市 10841 西寧南路 15 號 7 樓
電話：02-23121651

初版一刷：2021 年 1 月
ISBN：978-986-5549-31-2

定　價：新台幣 480 元
Printed in Taiwan